KAREL ČAPEK

Bilder aus der Heimat

Karel

ČAPEK

Bilder aus der Heimat

Deutsch von
Eckhard Thiele

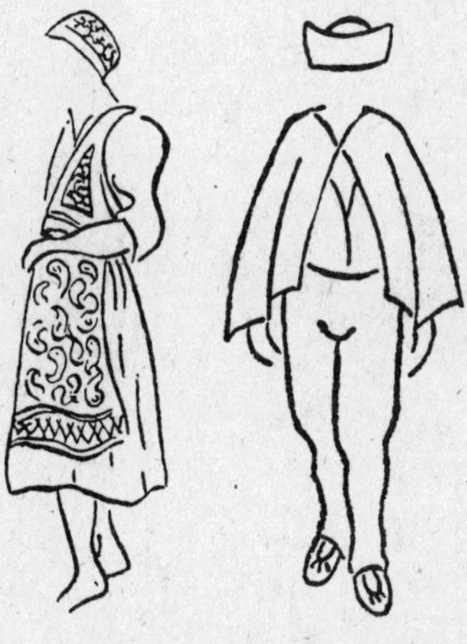

Aufbau-Verlag

Titel der tschechischen Originalausgabe
Obrázky z domova

Mit Illustrationen von
Karel Čapek

Bilder aus Böhmen

Die Heimat ist das Land der Kindheit, das Land der ersten und darum auch stärksten Eindrücke, Entdeckungen und Erkenntnisse. Man braucht nicht dorthin zurückzukehren, denn eigentlich hört man nicht auf, dort zu leben, wo immer man sein mag. Die Heimat ist wie die Muttersprache; auch wenn jemand eine andere Sprache spricht oder schreibt, hört er doch nicht auf, in der Sprache seiner Kindheit zu denken und zu träumen. Das ist nicht Einfluß, sondern etwas Ursprünglicheres und Stärkeres: das ist ein Stück der eigenen Seele und Persönlichkeit.

1938

Aus unserer Gegend

Das ist der Winkel zwischen der Úpa und der Metuje, zwischen Babiččino údolí, dem Großmutter-Tal, und dem sanften Talkessel von Jiráseks Hronov. Wo immer man auf einen Hügel steigt, sieht man im Norden die Schneekoppe und im Osten Bor und Hejšovina, die großen Grenzsteine des Landes. Dichtbei verläuft die Sprachgrenze; nur in Trutnov gibt es Deutsche, während in den Dörfern, in Žacléř, Olešnice und anderswo, eine Sprache gesprochen wird, die überhaupt niemand versteht. Auf den Hügeln leben Weber, die dem Spiritismus huldigen; entlang den Flüssen liegt ein Schlachtfeld am anderen – Trutnov, Skalice, Náchod und unten Sadová, mit schlanken Gedenksteinen, die erzählen, wie viele junge Menschen dort gefallen sind. Es ist eine Gegend friedlicher und ein wenig ärmlicher kleiner Felder und Birkenhaine und zweifachen großen Gedenkens: an Božena Němcová* und Alois Jirásek**.

* Božena Němcová (1820–1862), tschechische Schriftstellerin; Hauptwerk: „Großmutter".

** Alois Jirásek (1851–1930), tschechischer Schriftsteller.

Was Božena Němcová betrifft, so hätte mein Großvater aus Žernov vielleicht noch mancherlei gewußt; doch solange er lebte, der arme Alte, vergaß ich ihn zu fragen. Mein Vater aber erinnert sich bis heute an den Herrn Vater aus der Mühle von Ratibořice*, der bis ins hohe Alter ein großer Schelm war, und auch an die närrische Viktorka**. Wißt ihr, sie ist nicht gestorben, wie es in der „Großmutter" geschrieben steht; sie lebte noch sehr lange, die kleine Frau mit dem winzigen runden Gesicht, das angeblich so runzlig war wie ein Apfel, und sie ging auch zu den Čapeks nach Žernov betteln; sie kam und sprach kein Wort, bis sie ein Stück Brot erhielt; nur ärgerte sie sich sehr und zauste meinen Vater an den Haaren, wenn die Lausbuben hinter ihr her riefen.

Mein Großvater mütterlicherseits aber stammte aus Hronov, er handelte mit Getreide, und später war er Müller in einer Flachsdarre. Dieser Großvater kannte Alois Jiráseks Vater sehr gut; der war Bäcker und gehörte deshalb zur Kundschaft meines Großvaters, der mit dem Getreide bis nach Hradec Králové fuhr und dem Studenten Alois einen Gruß von zu Hause, einen Laib Brot und mitunter einen Sechser brachte. Meine Großmutter mütterlicher-

* Gemeint ist der Müller Antonín Ruder, Gestalt aus „Großmutter" von Božena Němcová.

** Gestalt aus „Großmutter" von Božena Němcová.

seits stammte von den Machover Mühlbauern ab; wenn sie sich im Alter das ganze Buch „Bei uns daheim“ vorsagte (sie las laut, als ob sie betete), erklärte sie anerkennend: „Das ist gut.“ Und ich kann bezeugen, daß sie dem Gedächtnis und dem Hörensagen nach alles bestätigt hat, was Alois Jirásek da schreibt; sie sagte, es sei die reinste Wahrheit.

Malé Svatoňovice, mein Geburtsort, ist wegen seiner Jungfrau Maria bekannt, die zwar nicht soviel Macht hat wie die aus Albendorf, aber dennoch Wunder tut; meinetwegen ging meine Mutter oft hin, um eine Wachsbüste zu opfern, damit ich eine kräftige Lunge bekäme; doch immer war es eine Wachsbüste mit einem weiblichen Busen, und das weckte damals in mir die wunderliche Vorstellung, wir Jungen hätten keine Lunge, und die vergebliche Erwartung, durch Mutters Gebete würde mir eine wachsen. Ringsum in der Gegend sind alte Adelsgüter verstreut, wo Bauernrebellen geboren wurden, wie in Rtyně; heute aber herrscht dort Industrie vor, und Kilometer von Handtüchern und grobem Linnen rollen aus Úpice in die Welt. Ich erinnere mich an die australischen und chinesischen Briefmarken, an die Marken aus Indien und der Kapkolonie, die ich aus den Papierkörben der Fabrikkontore aufgesammelt habe; ich sammelte sie voller Staunen, ebenso wie die Studentenröschen auf den Hügeln von Žabokrky oder das Knabenkraut auf dem Höhenzug Brendy – heute denke ich an sie wie an kleine Dokumente dafür, wie sich die Landschaft der „Großmutter“ und von „Bei uns daheim“ verändert hat.

1926

Die Gegend Jiráseks

Der Winkel des Vorgebirges zwischen der Úpa und der Metuje war die Welt unserer Kindheit; der eine Großvater hatte eine Bauernwirtschaft oberhalb des Babiččino údolí und kannte noch die närrische Viktorka; der andere, der Herr Vater aus der Hronover Mühle, nahm von der Bäckerfamilie Jirásek öfter einen Laib Brot und einen Sechser für den Studenten Alois nach Hradec Králové mit. Zwischen dem Tal der Metuje und dem Tal der Úpa wellen sich sanfte Hügel aus rotem Sandstein, mit kleinen silbernen Birkenhainen und dunklen Fichten und Kiefern besät; auf den Hügeln sind Weiler verstreut, wo noch in den Tagen unserer Kindheit vom Morgen bis in die Nacht die Handwebstühle der im Gebirge heimischen Bibelleser, Spiritisten und Anhänger der Sekte Balcars klopften.

Ein Stückchen höher verläuft die Zickzacklinie der Sprachgrenze, die hinter Náchod nach Preußen ins Glatzer Gebiet hinüberführt. Diese Nachbarschaft zweier Nationalitäten war immer ruhig und friedlich; die Deutschen mit ihren Michelmützen und ihren mit glänzenden Knöpfen besäten Westen sprachen einen Dialekt, den nicht einmal die österreichischen Behörden verstanden; sie hatten fast gar keinen Kontakt mit uns und wir keinen mit ihnen; diese Sprachgrenze war wie das Ende der Welt, hinter dem nichts mehr existiert. Die sehr nahe Reichsgrenze war auch das Tor, durch das die religiösen Emigranten auswanderten und heimlich zurückkehrten; diese elegische Tradition findet ihr bis auf den heutigen Tag bei den Grüblern und Spiritisten des Riesengebirges.

Ein natürliches Gefälle bildet die ganze Landschaft bei Josefov und Hradec Králové, Königgrätz, diesen militärischen und theresianischen Städten; die dortigen Gutshäuser haben gewöhnlich auch heute noch doppelte Innenmauern, die im Kriegsfall als geheime Speicher dienen. Kaum eine Gegend bei uns hat so viel Krieg erlebt wie diese friedliche Landschaft; Jiráseks Historizismus ist geradezu eine Lokaltradition. Die Schlösser von Náchod und Ratibořice rufen eine andere Tradition in Erinnerung, die des Rokoko und des Hofes: die Tradition der herzoglichen Häuser und der subalternen Schreiber („Herr Franz“ geheißen), der rebellischen Richter aus Rtyně und der aufgeklärten Patres. Dieser Erdenwinkel liegt an der Landstraße der Geschichte, dabei aber in einer intimen und beinahe geschlossenen Abgeschiedenheit; eine sehr alte Vergangenheit lebte dahin in den abgeschiedenen Winkeln und Weilern des Vorgebirges, in den Holzhütten mit geschnitzten Giebeln und Säulen. Die Vergangenheit, in die Jirásek zurückging, war im Land seiner Kindheit noch nicht Vergangenheit. Unten wird Jiráseks Gegend von Hradec Králové abgeschlossen, einer Stadt der Jesuiten und der nationalen Erwecker. Alois Jiráseks dortige Lehrer waren auch die Lehrer unseres Vaters; dort gab es einen Gymnasialprofessor, der in der Abschlußklasse das ganze Jahr anstelle der österreichischen Geschichte die französische Revolution behandelte. Vergessen wir das alte Hradec Králové nicht, wenn wir von Jirásek sprechen.

Nennt man die Landschaft um Hronov die Gegend Jiráseks, so geschieht das mit vollem Recht; dieser ehrenvollen Zueignung ist Jirásek und auch seine Gegend würdig. Auch wenn Jirásek der ganzen Nation gehört und von ihr geliebt wird, überall in seinem Werk hat er diese geradezu natürliche Schönheit und Intimität seiner Gegend zwischen Brendy und Hejšovina festgehalten: einer unpathetischen, naiv geöffneten und friedlichen, keuschen und zarten Gegend; einer Gegend, die in der Geschichte eher menschlich gelitten als geführt hat, die sich aber ganz an der Grenze unseres nationalen Gebietes still und zäh in ihrem typischen Tschechentum erhalten hat. Auf dem Sarg unseres nationalsten Schriftstellers darf ein Sträußchen Studentenröschen und Hahnenfuß von den feuchten Wiesen oberhalb Hronovs nicht fehlen.

1930

Ein Stück Land

Ein schöner runder Hügel und darauf ein rundes Schlößchen oder vielmehr ein Turm mit einem Halbmond oben und einem alten Hain ringsum; das Schlößchen sieht man meilenweit, und unten liegt ein altes hölzernes Städtchen mit einem verschlafenen Marktplatz und einer schweren Kirche – nun, kennt ihr es? Ja, das ist Sobotka, und das Schlößchen, das ist Humprecht, da lebte einst „eine Jungfrau, die einen Schäfer liebte", was man übrigens von jeder Burg und jedem Schloß in Böhmen singt; offenbar war die Schafzucht in alten Zeiten sehr verbreitet. Auf dem Friedhof liegt der Dichter Šolc, und am Ufer der Žehrovka liegt Fráňa Šrámek, der dort baden geht und behauptet, es sei der schönste Ort der Welt; und ringsum ist die stille und süße Landschaft, wo Václav Špála grün und blau zu malen begonnen hat. Grün, blau und gelb, denn wir dürfen die schöne Ährenernte nicht vergessen; dann kommen schwarze Wälder, die schwarze Burgruine Trosky und der schwarze Berg Mužský, und ganz hinten, da sind der Bezděz und

der Ještěd und der blaue Kozákov und noch viele andere Höhen, deren Namen ich euch nicht nennen kann. Aber dann gibt es hier noch grüne Täler zwischen Felsen; die Felsen sind weder wild noch düster, sondern friedlich und romantisch, und ihr wandert mit besonders leichtem Herzen zwischen ihnen, bis ihr zur Burg Kost kommt, auch da lebte einst „eine Jungfrau, die einen Schäfer liebte"; wahrscheinlich ging sie mit ihm immer ins údolí Plakánek, wo die Luft bis auf den heutigen Tag lieblich und feucht ist.

Dieser Landstrich liegt ein wenig abseits; vielleicht ist er deshalb so schön und traulich; die Hunde in den Dörfern bellen euch nicht einmal an – nirgendwo in der Welt habe ich so brave Hunde gesehen. Gegen Abend kriechen Myriaden von kleinen Fröschen aus den Gräben und wandern über die Straße ostwärts; die Linde von Semtín blickt über das reif gewordene Korn auf die Burgruine Trosky und die Burgruine Trosky auf die Linde von Semtín, denn man weiß nicht, wer von den beiden älter ist. Und wenn es dunkel wird, fällt das hölzerne Schusterstädtchen unter dem Schloß Humprecht in Schlaf; der quadratische Marktplatz zieht sich die Decke der Dunkelheit über den Kopf, denn ihr wißt ja, wenn die Sterne leuchten, müssen keine Lampen leuchten, und wenn keine Sterne leuchten, sollen die Leute schlafen gehen. Doch vor vielen, vielen Jahren konnte die Jungfrau, die den Schäfer liebte, nicht so rasch einschlafen wie Sobotka; sie schlich sich nachts aus dem hohen Schloß und ging pochenden Herzens zu ihrem Schäfer, aber nicht ein einziger Hund aus dem Dorf bellte hinter ihr her, die Hunde wedelten nur mit dem Schwanz und ließen sie still auf den Wegen gehen, die sanft hinauf und hinab, hinauf und hinab führten wie heute. Das alles kann ich euch allerdings nicht zeichnen; dafür aber habe ich euch Fráňa Šrámek gezeichnet, der an diesem Marktplatz geboren wurde. Er behauptet zwar, so sehe er nicht aus, doch das ist nicht wahr; wenn er Durst hat, sieht er genau so aus, nur ist er braungebrannt und guckt mit himmelblauen Augen und dreht die Nasenspitze immerzu nach allen Düften und Dünsten der fruchtbaren Erde.

Und hier im kalten Bach und auf den glühenden Wegen der Erntemittage, ausschreitend, ausschauend, behende und mit allen Sinnen dürstend, vergißt er völlig die große und bittere Qual, die Literatur heißt.

Es gibt hier auf einem Hügel eine Stelle, von der man alles sieht, Himmel und Erde; und an dieser Stelle steht sein Luftschloß. Es müßte nicht einmal ein Schloß sein; es könnte auch nur eine Hirtenhütte für einen blauäugigen lyrischen Schäfer sein.

1925

Des Dichters Sobotka

Wenn wir den Winkel beschreiben wollen, in dem sich Fráňa Šrámek am heimischsten fühlt, müssen wir ihn ziemlich breit fassen; denn wenn Šrámek Natur wittert, läuft er weit hinter ihr her, und alle Pfade um Sobotka herum sind Šrámeks Wege; sogar der Horizont ringsum gehört zu seiner Heimat. Nach Süden fällt das Land allmählich in sanften Wellen zur Elbniederung ab; im Osten liegen Wallensteins Jičín und die Prachover Felsen, im Westen Mladá Boleslav mit seiner Burg; und zwischen den beiden alten Städten zieht sich bogenförmig die reiche Silhouette des Český ráj, des Böhmischen Paradieses, hin, der heidnische Berg Mužský, der Kozákov, Hrubá Skála, die Panna und die Bába und Trosky mit den zwei Gipfeln; und ganz hinten blaut das lange Band des Isergebirges und des Riesengebirges. Das also ist Šrámeks Gesichtskreis; in seiner Mitte liegt Šrámeks Sobotka, die Stadt der Dichter, Schuster und Kantoren; oder noch genauer, Angelpunkt und Achse dieser Gegend ist das alte Černínsche Schloß Humprecht, dieser ein wenig exotische Rundbau, der über einem kraushaarigen Hain auf einem Hügel in die Höhe ragt. Das ist angeblich „das schöne Schloß nicht weit von Jičín“, unter dem ein Schafhirt lebte, der einen jungen Sohn hatte; „und in dem Schloß lebte eine Jungfrau, die den jungen Schäfer liebte“, wie es im Lied heißt, bei dem Fráňa Šrámek voller Rührung und gewaltig mit der zweiten Stimme einsetzt, wenn sein Augenblick kommt.

Sobotka selbst: ein altes Städtchen, aber schon nimmt auch dort die Zahl der Holzhütten mit den Laubengängen ab, wo in alten Zeiten Zwecken in die Jahrmarktsschuhe geschlagen wurden. Über dem alten Marktplatz erhebt sich der mächtige Kiel des Kirchenschiffes zwischen den bauchigen Barken der menschlichen Dächer. Ich war in einer Mondnacht dort, als sich das alles wirklich wie ein Boot im schlafenden Hafen wiegte; und von oben schaute der erloschene Leuchtturm Humprecht. Es war wohl nach dem Gesang, in den Fráňa Šrámek ehrlich und treu mit seinem Bariton eingestimmt hatte; und der ganze Hafen von Sobotka begann davon auf dem unermeßlichen Ozean der Sommernacht zu schaukeln.

Eines von diesen breitschultrigen Bürgerhäusern gegenüber der Kirche: dort bei seiner alten Mutter wohnt seit Jahren der junge Bursche Fráňa. Es ist wahr, er sollte schreiben; es ist an der Zeit, daß er zur Vernunft kommt; doch statt zu schreiben, wirft er die Feder weg und läuft irgendwohin ins Freie. Wohin mag er laufen: wahrscheinlich zur Semtíner Linde, die so gewaltig ist wie ein Dom und wie ein unermeßlicher Bienenstock von Bienengesumm erfüllt; oder er läuft hinunter ins údolí Plakánek, ins Tränental, wo wirklich ein Bach weint auf einer lieblichen Wiese zwischen der doppelten Wand aus Wäldern und Felsen. Wenn es irgendwo in der Welt ein Tal gibt, durch das nur Liebespaare wandern, und durchwandert es doch jemand allein, dann nur ein Dichter – wenn es in der Welt ein Tal der jungen Liebe und des jungen Leids gibt, dann ist es das Tal Šrámeks, das Plakánky heißt. Am unteren Ende wird es von Kost versperrt, einer alten und gedrungenen Burg, einem schrecklich mannhaften Gemäuer zwischen all den Bollwerken und Wachtürmen der Welt; ein grausames Gebot der Härte am Ende des Tales der Liebe. Oder es gibt dort in den Wäldern einen kalten Nixenbach mit Wasserfällen und Strudeln; und dort badet die ganze Jugend, Fráňa Šrámek voran; was denn, dieser laute, muskulöse und klobige Kerl soll Fráňa Šrámek sein? Ganz recht; hier in diesem Land alter Burgen und heidnischer Natur mißt man die Zeit nicht in Jahrzehnten, sondern in Jahrhunderten und Sekunden. Und namentlich ein Dichterleben läßt sich nicht in Jahren bemessen, denn es ist aus Ewigkeiten und Augenblicken erschaffen, die entschwinden wie das Schimmern einer Träne oder wie das Erzittern eines schmerzlich süßen Lächelns.

Und noch eine Stelle gibt es dort: das Grab des Dichters Václav Šolc auf dem Friedhof von Sobotka. Auch dorthin geht Fráňa Šrámek oft mit einem Sträußchen von Erinnerungen; denn das, was er an seiner Gegend liebt, Natur, Jugend, Anmut und Ritterlichkeit, wird hier von dem beschlossen, was ihm das Teuerste ist: vom Schicksal, das auch ihm in höchstem Maße auferlegt ist; vom Schicksal, ein Dichter zu sein.

1937

Zwei mährische Stationen

Telč

Ich möchte wetten, daß es bei uns keinen schöneren Marktplatz als den in Telč gibt. Er ist sehr lang, von Toren abgeschlossen und ringsum von Laubengängen gesäumt, jedes Haus hat einen hohen Giebel mit schönen Konturen und mit Stuck und ist rosa oder blau oder weiß angestrichen, und das alles ist altertümlich sauber und friedlich; durch irgendein Wunder gibt es dort kein neues Rathaus und keine neue Schule, sondern lauter solche würdigen Nachbarhäuser und mitten auf dem Marktplatz einen Brunnen und eine gewundene Säule und dann in einer Ecke ein Schloß, ich weiß nicht, wem es gehört, und dort im Hof sieht man wunderschöne Arkaden und eine Statue von Adam und Eva, die beide sehr mager und keusch sind, und eine großartige Fichte oder was es sein mag; aber der mit Katzenköpfen gepflasterte Marktplatz ist das Schönste von allem. Männer von Telč, laßt ihm nichts geschehen!

Moravské Budějovice

Offenbar gibt es in jedem mährischen Städtchen ein Schloß; hier gibt es auch eines. Ferner gibt es hier eine Kirche mit einem ziemlich merkwürdigen Turm, wie bei uns Türme zu sein pflegen; und zuletzt hat hier der selige Pater Kosmák in der hübschen Pfarre mit dem hohen Giebel gelebt. Doch die Kirche ist geschlossen – wohin soll ein Fremder zuerst gehen, wenn nicht in die Kirche? Eine geschlossene Kirche ist wie ein geschlossenes Gasthaus; es ist wie eine Verweigerung des Asyls. Da es mir nicht vergönnt war, geheiligte Dinge zu besichtigen, sah ich mir Gänse an; denn, wißt ihr, diese mährische Stadt ist nicht nur eine Stadt, sondern auch ein Dorf mit einem Anger und mit Gänsen. Die Gänse baden in einem kleinen Brunnen, in dem nur drei Platz finden, während die übrigen sie darum beneiden und allerlei Bemerkungen machen.

Plötzlich bricht eine Gans, die gern baden möchte, in schreckliches Geschrei aus und nimmt, wie aufgescheucht, Reißaus. Die übrigen Gänse erschrecken, auch die im Wasser, und fliehen in wilder Panik, schnatternd und mit den Flügeln schlagend, worauf die listige Gans, die sie hereingelegt hat, rasch in den leer gewordenen Brunnen schlüpft. Doch gewöhnlich erschrickt sie selbst durch das Geschrei der anderen und fliegt mit ihnen davon, die eigene List ganz vergessend. Wie man sieht, gibt es auch in Moravské Budějovice etwas, womit man sich die Zeit vertreiben kann.

1925

Der wunderbare Fischfang

Ich habe Teiche vom Morgennebel verhüllt und vom Sonnenuntergang entflammt gesehen; silberne Teiche herbstlicher Kühle und schwarze Pfuhle in tiefer Nacht; ich habe Meere und Pfützen gesehen, aber ich habe noch nie gesehen, wie ein Fischteich abgelassen und leer gefischt wird. Der Fischteich, von dem ich jetzt spreche, heißt Staňkovský rybník und liegt dort unten hinter Třeboň, im Land der Rožmberker Fischer; er ist sehr groß und endet angeblich irgendwo vor Österreich, aber an jenem kalten grauen Morgen war nur eine von Morast gesäumte Pfütze auf dem Grund eines gewaltigen, sich schlängelnden sandigen Cañons übriggeblieben. In dieser Dreckpfütze aber hat sich folgendes abgespielt.

Ich stamme aus dem Gebirge und habe niemals bei einem zünftigen Fischzug zugeschaut; nur aus der biblischen Geschichte kannte ich das Bild vom wunderbaren Fischfang, und deshalb stellte ich mir das Fischen so vor, wie es dort veranschaulicht wird: Die zwölf Apostel ziehen die Netze aus dem

Wasser, die unter der Last unzähliger fetter nackter Karpfen und silberner Zander und meterlanger Hechte reißen; die zwölf heiligen Fischer wissen sich mit der wunderbaren Ernte keinen Rat, holen sie mit Händen, Wurfgarnen und Schaufeln aus dem Netz, treten darauf, springen ins Wasser und schleppen das Netz des Überflusses ans Ufer, während Christus der Herr spricht: „Achtung, Jungs, dort hält das Netz nicht!“ Stellt euch mein Erstaunen vor, als ich auf dem Damm des Fischteiches von Staňkov stand: es ist tatsächlich so, wie es die biblische Geschichte beschreibt.

Vor allem waren es wirklich zwölf Fischer; der dreizehnte war offenbar ihr Herr und Meister, denn er schimpfte sie heftig aus. Allerdings trugen sie keine apostolischen Tuniken, sondern solche Lederanzüge, von denen ich nicht genau weiß, ob es hohe, bis zum Hals reichende Stiefel sind oder vielmehr ungeheure, unten mit Stiefeln versehene Lederwesten oder vielleicht gewaltige Lederhosen, die unten in Stulpstiefeln und oben wie ein Unterrock in Trägern enden; kurz und gut, das Ganze ist von der Sohle bis zum Hals aus einem Stück Ochsenleder, und daraus schauen nur ein bärtiges Gesicht und ein Paar Arme hervor. Jetzt korrigiere ich meine Vorstellung vom wunderbaren Fischfang: Die Apostel trugen keine Tuniken und Priesterhemden, sondern steckten bis zum Hals in diesen monumentalen Fischer-Beinkleidern und hatten kegelförmige Filzhüte auf. Was die Lehrlinge betrifft, so hatten die gewöhnliche Struckhosen und flache Mützen mit einem Schild, sie halfen nur am Ufer und erfreuten sich nicht des Vorrechts, durchs Wasser zu waten und bis an den Gürtel im Morast zu versinken. Die Frauen trugen dann die Ausbeute des wunderbaren Fischfangs in feuchten Zelttüchern zu den Wagen, während die Leute aus dem Ort und die Schuljugend vom Damm aus zuschauten.

Der wunderbare Fischfang selbst spielt sich so ab: Zuerst war da nur eine Wasserfläche, und darauf schien dichtes, merkwürdiges Laub zu schwimmen, in dem von Zeit zu Zeit der Wind spielte. Aber nein, mein Lieber, das ist kein Laub, das sind lauter Fischschwänze und Flossen, die aus dem Wasser hervorschauen. Die zwölf in Leder steckenden Männer ziehen im Trauermarsch ein Netz am Ufer entlang; dann steigen sie ins Wasser und schlagen mit Stöcken drauflos; vielleicht wollen sie die Fische verjagen, oder es ist irgendeine Zeremo-

nie. Dann spannen sie das Netz über die ganze Breite des Teiches, und nachdem sich der dreizehnte eine ganze Weile über etwas geärgert hat, fangen sie an, das Netz sehr langsam und schwerfällig durchzuziehen. Die Lehrlinge und die Frauen am Ufer bekommen das Tauende und ziehen mit. Im Netz beginnt es heftig und wirbelnd zu rauschen. Das sind die Fische.

Es geht immer langsamer; nun ist das kein Netz mehr, es ist eine Masse, es ist eine wimmelnde und tosende Ladung Fische. Die zwölf ledernen Fischer zwängen sich mit Mühe durch die dichte, aufgewirbelte Fischmasse. So, jetzt ist das Netz zum Damm herangeschleppt; nun ziehen sie es langsam auseinander; und jetzt offenbart sich der wunder-

bare Fang. In vollen Wurfgarnen wird er herausgeholt, als wenn man mit der Schöpfkelle Bohnen schöpft; rasch wird er in die Bottiche geworfen, hier die Karpfen, hier die Hechte und dort hin und wieder ein Wels; niemand sagt: „Das ist ein Bursche!“ und „Das hier wird ein Rogner sein“, das Kleinere fällt zwischen die Bottiche und wird zertreten – wer würde sich danach bücken? „Zweiundzwanzig, dreiundzwanzig, vierundzwanzig“, zählt der Apostel an der eisernen Waage und schüttet den Frauen die zappelnde Masse ins Zelttuch. Die Fischer holen schwere Wurfgarne aus der dicken Tunke des Morasts. „Sieben, acht, neun“, zählt der Apostel am Waagebalken. Es nimmt kein Ende; es ist verblüffend, wieviel in dem Netz steckt.

Du blickst auf die entleerte Fläche des Grundes. Was für ein merkwürdiges dichtes Laub schwimmt da? Mensch, das sind wieder Fischschwänze; und die zwölf ledernen Männer schleppen wieder im Trauermarsch das Netz am Ufer entlang zu einem neuen Fischzug. So werden sie bis zum Abend die Dreckpfütze leer schöpfen, die sechs oder wer weiß wieviel Jahre lang ein schöner, glatter, zwischen den Wäldern schimmernder Teich war; und wenn er sich zum Frühjahr mit Wasser füllt, wird er wieder für Jahre ein schöner glatter Teich sein, um eines Tages von neuem dieses altertümliche Schauspiel eines wunderbaren Fischfangs zu bieten.

1925

Die Moldau entlang

Český Krumlov

Ich weiß nicht, wie oft die Moldau sich hier windet; wenn du die Stadt in möglichst gerader Richtung durchquerst, kommst du wohl fünfmal über den Fluß, und jedesmal wunderst du dich, daß er so goldbraun ist und es so eilig hat. Wie viele Einwohner Český Krumlov hat, weiß ich auch nicht, aber Gasthäuser hat die Stadt vierunddreißig, drei Kirchen, ein Schloß, dafür aber ein großes, zwei Tore und eine Vielzahl von Denkmälern; eigentlich ist die ganze Stadt ein einziges historisches Denkmal, was ein wenig an Siena oder an Stirling oder an andere berühmte Orte erinnert. Hier gibt es also alte Giebel, Erker, Dachfenster, Lauben, Bögen, Säulengänge, Zinnen, Sgraffitos, Fresken, Treppen hinauf und hinunter, Balustraden, Brunnen, Säulen, Prellsteine, Winkel, Gebälk, Vorsäle, Toreinfahrten, historisches Pflaster, winklige Gassen, Weihnachtskrippen, hohe Dächer, eine gotische Kirche, Minoriten und überall die roten Rožmberker Rosen; wohin du dich wendest, siehst du nur Malerisches und Altertümliches und historische Pracht, aber in den alten Vorstädten, da gibt es bloß niedrige Häuschen, das Dach kannst du mit der Hand erreichen, in den Fenstern Geranien und über der Tür eine Inschrift; hier leben noch alte Handwerke wie im fünfzehnten Jahrhundert.

Alles hier wird beherrscht vom einstigen Schloß der Herzöge von Eggenberg und vor allem vom Turm, einem der eigentümlichsten Türme, die ich je gesehen habe; ich möchte sagen, Türme sind eine tschechische Spezialität, denn nirgendwo gibt es so merkwürdige Kuppeln, bauchige Zwiebeln, Mohnkapseln, Laternen, angeklebte Türmchen und Galerien und Spitzen wie bei uns; jede alte tschechische Stadt hat ihren besonderen Turm, an dem man erkennt: Das ist Hradec Králové und das Brno und das Budějovice und das Český Krumlov.

Was das Schloß betrifft, so ist es über und über bemalt und innen und außen mit Fresken verziert; aber das Beste von allem ist das kleine barocke fürstliche Theater, in dem noch alte Dekorationen hängen; dort könnte auf der Stelle eine italienische Oper aus dem achtzehnten Jahrhundert gespenstern, aber sie gespenstert nicht, weil man hier aus Sicherheitsgründen nicht spielen darf. Ferner gibt es dort das Lustschlößchen Bellaria mit so neckischen Treppen auf der Brust und eine Menge anderer barocker Dinge; für drei Kronen ist das mehr als genug.

Vyšší Brod und Rožmberk

Eigentlich sollte man auf einem Fuhrwerk dorthin fahren; man könnte unterwegs Pilze sammeln, und wenn es oben bei Nesselbach allzusehr pfeift, kriecht man unter die Plane und schaut auf die ernsten, gemächlichen Hintern der Pferde, die ihre altertümliche Gestalt bewahrt haben wie diese ganze alte Landschaft. Die Reise dauert fast einen ganzen Tag, aber am Ende taucht doch das weiße Zisterzienserkloster von Vyšší Brod auf, schön und friedlich, abgeschlossen wie die kleine Stadt, wo es alles gibt: eine Apotheke und eine Brauerei und eine Bibliothek und ein Museum und einen Kuhstall und vor allem Stille, eine Stille, die schon für sich allein eine Art Andacht ist, du gottloser Mensch. Und in der Bibliothek gibt es mehr als fünfzigtausend Bände in weißem Schweinsleder und braunem Rindsleder, recht alte Bücher, in der Mehrzahl lateinische, lauter achtzehntes Jahrhundert wie das ganze Kloster mit den Rokokohöfen und Fresken. Und in der Gemäldegalerie haben sie den größten Schatz, rätselhafte Bilder des Meisters von Vyšší Brod, eine seltsame Blüte der böhmischen Gotik, die man südböhmische Schule nennt und deren schwermütiger und reiner Adel ein wenig wie ein Wunder ist in unserem schweren und bäuerischen Land. Gott allein weiß, woher das gekommen ist; aber ein Wunder ist es auch, daß es sich bei uns, in

einem Land so oftmaliger Vernichtung, in tadelloser Unversehrtheit erhalten hat. Der gotische Kreuzgang und der Kapitelsaal sind auch ein Stück der alten Pracht von Vyšší Brod und ebenso die südböhmische Madonna in der Klausur der Kirche; aber diese Gemälde sprechen von einem Geist, der vieles gesehen und sich dann wohl in wehmütiger und strenger Reinheit verschlossen hat; ein allzu zarter und vereinsamter Mensch.

Das Volk lebt hier von Holz, von lauter Holz und Heu; verstreute Dörfer und alte Kleinstädte, wie etwa Rožmberk mit der Burg derer von Rožmberk und mit dem Buquoy-Schlößchen. Auf der Burg gibt es viele alte geschnitzte Schreine und Tische und Stühle, Rüstungen und Henkersschwerter, Eichendecken und eine Menge alter Porträts; da ist eine Weiße Frau mit verweinten Augen und einer langen Nase, und der Kastellan behauptet, sie spuke hier oft; auch in Jindřichův Hradec und in Třeboň und Český Krumlov spukt sie; für ihr Alter ist das offensichtlich eine recht bewegliche Dame. Außerdem gibt es hier auch Marterinstrumente, Krüge, alte Schlösser und Erinncrungen an den üppigen Katholizismus der Gegenreformation, wie etwa Karten in Form eines Breviers und Kruzifixe und viele andere alte Gegenstände. Und dann immer weiter und weiter die Moldau, das enge und gewundene Tal mit dem mächtigen goldenen und schwarzen Strom.

Eine Haltestelle

Unvermittelt fällt dir das ein, und du steigst auf einer Station aus dem keuchenden Zug, deren Namen du dein Lebtag nicht gehört hast; da ist nichts weiter als ein Wiesenstreifen zwischen Wäldern, die erwähnte Station und ein Stückchen weiter ein weißes Haus; und da es im Böhmerwald in jedem Haus eine Gastwirtschaft gibt, stellt sich heraus, daß dieses Haus natürlich ein Gasthaus ist. Und dort fließt die Moldau, ich weiß nicht, ob die Warme oder die Kalte; ich habe hineingegriffen, sie schien eher kalt zu sein. Nun stehst du da und weißt nicht weiter; du gehst über die Wiese, und sie quatscht unter deinen Füßen und wiegt sich ziemlich verdächtig; du rettest dich mit gewaltigen Sprüngen in den Wald, und beim ersten Schritt versinkst du bis zu den Knien im Moos, während dein Stock bis zum Knauf in den morschen Baumstamm hineinfährt, auf den du dich stützen wolltest. Ich sage nicht, daß es Urwald ist; aber tief ist der Wald, und Pilze gibt es hier, das ist beinahe unheimlich: violette, kirschrote, weiße, safranfarbene, durchsichtige wie Eis, riesige, nässende, schwärzlich zerfallene, beulenförmige, solche, die Kuhmägen, Entenfüßen, Keulen und allem möglichen auf der Welt ähnlich sind; und was das Moos betrifft, das gedeiht in allen Schattierungen von Grün, angefangen von Blaugrün bis Orangegrün und Torfmoosschwarz, von seiner staunenswerten Zartheit, Dicke und Dichte ganz zu schweigen; schließlich aber verschwindet das, was du für einen Pfad gehalten hast, völlig unerklärlich unter deinen Füßen, und du stehst bis zu den Knien im Moos, das eigentlich ein liegender Baum ist, du weißt nicht ein noch aus, und plötzlich wird dir bewußt, daß weithin gewaltig dröhnend Berge und Wälder brausen (wo seid ihr geblieben, wo seid ihr geblieben, meine Jugendjahre), daß du allein bist und nicht weißt, wo, und daß hier gar kein Vogel ruft. Du hörst die Berge rauschen und unterirdische Gewässer murmeln, aber du hörst weder einen Vogel noch eine Mücke; Achtung, du menschliches Lebewesen, du hast das Reich der Vegetation betreten. Und da überkommt dich ein ungeheurer schöner Schauder, der dich auffallend rasch an den Saum des Waldes treibt; auf dem Feld arbeiten Menschen, und sie rollen das schwerfällige Deutsch der Gebirgler im Maul, sie haben riesige Holzschuhe und im rechten Ohr eine messingne Zwecke. Aber erst auf der festen Straße zwischen den Birken und Ebereschen wirst du dir eines wesentlichen menschlichen Wohlgefühls bewußt: etwas Hartes und Festes unter den Füßen zu haben.

Unterdessen habe ich richtigen Urwald gesehen, den am Boubín. Es ist nur ein Stück Naturschutzgebiet, so ein Naturpark, wie man das nennt; fast erwartet man eine Tafel mit der Aufschrift „Bäume ausreißen verboten“ oder „Tritt nicht auf die gefallenen Riesen, sie fühlen wie du“. So ein Urwald besteht hauptsächlich aus mehr oder weniger entwurzelten Bäumen; es ist dort feucht, die Feuchtigkeit rinnt wie aus einem Schwamm, und es liegen

Baumstämme in allen Stadien der Zersetzung herum, so daß du weder vorwärts noch rückwärts kannst. Man läßt das so als Beispiel, welch fürchterliche Unordnung die Natur anrichtet, wenn sie sich selbst überlassen wird. Man bestaunt das zwar, aber dann ist man froh, wenn man nach Lenora durch ordentliche Wälder wandert; mit denen fühlt man sich irgendwie solidarischer. Körbers Reiseführer sagt zwar, hinter diesen Zweigen „schläft Dornröschen seinen hundertjährigen Schlaf", aber ich habe es dort nicht angetroffen; entweder war es für das Dornröschen zu kühl, oder es hatte am Montag frei.

Auf dem Goldenen Steig

Prachatice ist zweifellos eine verfallende Stadt; seitdem das Salz nicht mehr von Passau über den Goldenen Steig gefahren wird, kann sich die Stadt nicht mehr erholen. Wenn ihr entschlossen und geduldig genug seid, dann fahrt mit der Bahn dorthin; ansonsten ist es besser, von irgendwoher zu Fuß hinzugelangen. Prachatice ist also alt und verwahrlost, aber einst war es ganz mit Sgraffitos und Fresken bemalt; auch hier herrschten die Fürsten von Rožmberk, die offensichtlich Gefallen an Polychromie hatten. Die alten Bürger von Prachatice bedeckten das ganze Rathaus mit Malereien und Inschriften; genau in der Mitte der Stirnseite ist ein Kerl mit einem Zweig und einem Schwert im Maul und einem Löwenkopf auf der Brust, er hat eine Bärentatze und schüttet Geld aus der Hand: niemand weiß, was das bedeutet. Ferner sind dort allerlei Gerichtsszenen gemalt; die Bürger von Prachatice hatten offenbar eine Leidenschaft für den Vollzug der Gerechtigkeit, und deshalb sind hier die Taten Salomons versinnbildlicht, und der besonderen Befriedigung der ehrbaren Menschen dient eine Szene, wie zwei Missetätern bei lebendigem Leib die Haut abgezogen wird. Lateinische Inschriften verherrlichen die Tugenden der Bürger und die Verwaltung der Gemeinde, und eine tschechische Inschrift endet mit einem klassischen Doppelvers: Das Recht gleicht dem Geweb von Spinnen, der Käfer reißt es durch, die Fliege bleibt darinnen.

So sind auch das alte Brauhaus und eine Reihe anderer ehrenwerter Häuser bemalt; viele Malereien sind schon verblaßt, und verblaßt ist hier auch die geheimnisvolle Inschrift auf der Kirche: „Quam cito transit tumana loje.“ Ja, Ruhm der Welt – Gras im Feld. An den Kirchentüren sind Einschläge von hussitischen Äxten und Speeren zu sehen, und im linken Schiff gibt es auch eine grausige Zelle, in der die Hussiten angeblich fünfundachtzig Katholiken aus Prachatice verbrannt haben; diese wollten durchs Fenster fliehen, doch sie verbogen lediglich die Gitter, die bis auf den heutigen Tag dort sind. Ich bin hineingegangen; es waren ein Kaplan und ein Kirchendiener dort und allerlei Kirchenkram. Neben der Kirche ist eine uralte Schule, in die angeblich Jan Hus und sogar Žižka gegangen sind. Das Städtchen ist bis heute durch Wälle abgeschlossen wie damals; und wie damals fahren in der Abenddämmerung die Kühe das Heu der Prachaticer Bürger ein, die Landwirtschaft betreiben, während die Glocken der Lasttiere den vergangenen Ruhm des Goldenen Steiges beweinen.

Jetzt durchquert das Tal der Volyňka anstelle der Lasttiere die Eisenbahn von Volary mit einem einzigen kleinen Waggon und mit einer Lokomotive, die auf jeder Station Wasser und Kohle aufnimmt, um die nächste zu erreichen. Schließlich kommt sie in Volary an; das ist eine seltsame Stadt, in der einst Tiroler angesiedelt wurden, und die haben sich eine Tiroler Holzstadt errichtet, mit niedrigen Tiroler Dächern und Steinen darauf und mit Alpenwiesen ringsum und mit einer Sprache, die manchmal dem Deutschen ähnelt. Leider ist irgendwann ein Teil von Volary niedergebrannt; aber auch so sind die Volarer Volarer geblieben, als ob sie auf einer Insel lebten, und die Frauen von Volary heiraten niemals aus Volary weg, um das Vermögen von Volary, das aus Mist und Holz besteht, nicht in die Welt hinauszutragen. Volary war auf der Friedenskonferenz nicht vertreten, Volary sollte ein Volarer Staat sein.

Ein beliebiges Dorf

Die Dörfer im Böhmerwald zeichnen sich im allgemeinen durch ungewöhnliche Länge aus; sagen wir, von zwei bis zwanzig Kilometern. Ich glaube, daß es dort Dörfer gibt, die noch kein Mensch jemals ganz durchschritten hat. Der Misthaufen befindet sich anstelle eines Gartens vor dem Haus; an jeder Hütte liegt ein ausgehöhlter Stein, aus dem Quellwasser fließt; in jedem Vorhaus steht eine Reihe von Holzschuhen, angefangen von großen Kähnen bis zu rührenden Holzschühchen für Kinder. Zum Sonntag wird so ein Holzschuh vermutlich abgehobelt, und dann klappert man damit in die Kirche. Die Sprache hier ist stark und eigentümlich; ich habe kein Wort verstanden; die Kühe ruft man: „uot uot iowa“. Und wenn das Dorf aus unerfindlichem Grund doch endet, kannst du stundenlang auf dem Weg zwischen Birken und Ebereschen und stundenlang durch den Wald gehen, ohne einem Menschen zu begegnen; nur in der Ferne weicht dir ein Schmuggler in den Wald aus, der aus Bayern sechs grüne Hütchen auf dem Kopf und einen Ranzen voll Salz auf dem Rücken trägt. Wenn du am Rand dieser traurigen und schönen Wälder dahinwanderst – jeder Pilzsucher weiß, daß er am Waldrand die besten Steinpilze findet, solche dicken, von der Sonne gedunkelten –, so schreitest du immer wieder über Rinnsale und Naßgallen und zitterndes Moorgras – diese Berge sind voller Wasser, man wird nicht klug daraus, woher das alles fließt. Hinter der Welle eines Hügels die nächste Welle, nichts als Wald, nichts als langer und tiefer Wald; hier ist alles in unendlicher Länge gebaut, die Berge und die Dörfer und die Wälder und auch die Zeit, die lange rauschende Zeit.

1925

Das Erzgebirge

Das ist, möchte ich sagen, das sanfteste von unseren Grenzgebirgen, weise und nüchtern anzusehen zwischen allen. Nichts vom tiefen, zottigen Böhmerwald, nichts von dem aus nacktem Gestein aufgetürmten Riesengebirge; hier ist nur ein Kamm mit langgezogenen Wellen, nur ein gedrungener Rücken, der sich nicht sonderlich in die Ebene ausbreitet mit den mächtigen Gliedern eines Vorgebirges und den überwucherten Achselhöhlen von Tälern. Bedächtig, mit allmählichem und sachtem Anlauf wölbt es sich über dem Tal der Ohře, und dann trachtet es sozusagen danach, sich auf seinem Niveau zu halten; keine überflüssigen Durchbrüche und Pässe, keine Schluchten, nichts Steiles, nur sanftes Auf und Ab, damit es sich gut geht und fährt auf dem weißen Bergkammweg. Es ragen keine Felsen, Gesteinsbrocken und Geröllhaufen hervor, nichts pathetisch Nacktes und Urtümliches; selten sind Berge so dezent mit zivilisierten Wäldern, aber auch mit weiten Wiesen bedeckt; nur hier und da schwarzes, offenes Torfmoor mit Haufen von Kiefern und als besonderes Merkmal der Gegend da und dort ein stillgelegtes Hüttenwerk oder eine Berglehne, die einst von Spitzhacken aufgerissen wurde, aber jetzt schon wieder mit Heidekraut und Windhalmen zugewuchert ist. Es lohnt sich hier wohl nicht mehr, Kupfer oder Zinn zu fördern; unten im Tal brennen und rauchen Kohlenbecken, aber hier ist es tot und still, und das uralte Geheimnis der Erze und Metalle überdauert hier seine Zeit nur als romantischer Hauch der Lokalgeschichte. Fueramus Pergama. Wir waren das Erzgebirge, reich an Metallen. Als Kind stellte ich es mir wie den Magnetberg in „Sindbad der Seefahrer" vor; ich glaubte, dort seien Felsen, durchwirkt vom roten Schimmer des Kupfers und vom grauen Glanz des Zinns; man brauche nur mit dem Hammer zu klopfen, schon blitze dort eine Metallader auf. Aber es sieht wesentlich anders aus; es ist friedlich und grün, und dort weiden Kühe und Touristen.

Es ist eine Gegend friedlicher, unheroischer Gewerbe. Dort gibt es schrecklich lange Dörfer, nichts als Gasthäuser, und kleine Städte, die einst ziemlich reich waren und deshalb schon vor langer Zeit ihre Schönheit und Unschuld eingebüßt haben. In Abrtamy zum Beispiel macht man nichts anderes als Handschuhe; dort könnten Ziegenlederhandschuhe fürs ganze Universum hergestellt werden, aber das steckt seine gewinnsüchtigen Hände anscheinend nicht mehr in Handschuhe. Oder in Boží Dar werden nur Spitzen geklöppelt. In Schönbach oder in Kraslice aber haben es sich alle Leute in den Kopf gesetzt, Musikinstrumente zu bauen. Ich habe dort Posaunen gesehen, so groß und glänzend, daß ich mir nicht vorstellen kann, wo man eine solche Pracht verwendet; vielleicht trägt sie irgendein Negerkönig an den Tagen seiner Thronfeiern, gekrönt mit ihrem strahlenden Schallstück wie mit der Glorie der Erzengel. Und dann gibt es hier Lokalitäten, wo die Menschen offenbar davon leben, daß sie wechselseitig ihre Gasthäuser besuchen; zumindest sieht man keine anderen Quellen für den Lebensunterhalt, außer grünen Wiesen und schönen Aussichten auf die böhmische und die sächsische Seite.

Neben den erwähnten Dingen sind Ebereschen das Hauptmerkmal der Gegend, lauter Ebereschen entlang den Wegen; stämmige, mit aneinandergedrängten Kronen, um sich vor dem Bergwind zu schützen, und mit hochroten Trauben von Vogelbeeren wie mit großen Korallenketten behangen; und dann etwas beinahe Unsagbares – wie soll man es nennen? –, so etwas wie Bangigkeit oder Spannung, so etwas wie das Gefühl, daß wir ganz am Ende der Welt sind.

Nun ja, hier ist doch überall die Grenze; und jedes Grenzgebiet hat etwas Pathetisches, dessen man sich schwer erwehren kann.

1933

Ostern in den Bergen

Ostern dienen die Berge hauptsächlich zum Skifahren, zur Touristik oder zum bloßen Schauen. Was mich betrifft, ich denke, am besten hat es, wer nur schaut; aber ich will niemandem seinen Spaß nehmen.

Der Skisport zu Ostern besteht überwiegend im Schneesuchen. Wo zwischen Knieholz oder im Wald ein Quadratmeter Schnee zu entdecken ist, findet sich mit Sicherheit auch ein Skifahrer, der zumindest mit dem mittleren Teil seiner Skier (für die ganzen ist es zu knapp) auf diesem verschneiten Terrain dahinfährt. Nach einer Weile gewöhnt man sich so an sie (an die Skifahrer), daß man sogar aufhört, sich über sie lustig zu machen und ihnen etwas zuzurufen.

Die Touristik im Gebirge beruht hauptsächlich darauf, herauszufinden, in welcher Baude man noch nicht war. Da es ihrer viele gibt, verursacht die Touristik ziemlich viel Mühe. In jeder Baude gibt es einen freundlichen Hund, einen Zitherspieler und Schweinskarree. Am Eingang stehen eine

Menge Skier und junge Burschen und Mädchen in schweren Schuhen. Die Skier sind gleichfalls enorm schwer; mich wundert, warum sich die Leute nicht Schlitten, Geleise oder Traversen an die Füße heften. Ferner werden in den Bauden Ansichtskarten feilgeboten, die veranschaulichen, wie die Baude aussieht, wenn auf ihr und rings um sie herum drei Meter hoch Schnee liegt. Diese Ansichtskarten kaufen die Ostergäste mit besonderer Vorliebe, um „Einen Gruß aus den Bergen!" nach Hause zu schicken.

Das bloße und einfache Schauen ist unerschöpflich und schön wie überall.

Wenn ihr sehen wollt, was man in den Bergen trägt, nun, der Stil ist sehr unterschiedlich: angefangen von Pelzmänteln, Gummimänteln und Regenmänteln über Golfhosen bis zum Skianzug. Junge Burschen, die besonders auf sich halten, tragen auf dem Kopf gestrickte Bänder und an den Füßen viereckige Koffer. Je eckiger die Schuhe sind, desto besser; und damit trampelt es sich fabelhaft auf den Dielen.

Die Sonne genießt man in den Bergen uneingeschränkt. Zum einen tut sie selbst, was sie kann, und strahlt so, daß einem die Augen weh tun; zum anderen ist sie Gegenstand eines besonderen Kultes. Die Leute beschmieren ihr Gesicht mit Salbe, legen sich an der Baude in den Liegestuhl und geben sich mit geschlossenen Augen den Sonnenstrahlen hin, wobei sie von Zeit zu Zeit seufzen: „Gott, ist das schön!" Die Sonne brennt, und die Luft ist eisig scharf und riecht nach Wanderschuhen; es ist nicht bekannt, ob jemandem bei diesem Sonnenbad ein großer oder überhaupt ein Gedanke kommen könnte, aber es ist eine konzentrierte, ge-

radezu feierliche Zeremonie, abgesehen davon, daß einem nach einer Weile von unten her kalt wird.

Und auf einmal gelangt man auf ein Gelände, wo kilometerweit nichts als Schnee ist, glitzernd, blendend und geradezu flammend; und dieser Schnee ist dicht besät mit lauter schwarzen Punkten und Strichen, die wimmeln wie Bakterien auf Agar-Agar, in Scharen, in kettenförmigen Reihen, in Paaren und manchmal auch einzeln. Das sind Skifahrer beim Skifahren. Manche jodeln etwas wie „Analytik“ oder „Holdrio“, das sind Deutsche; andere rufen „Tondóóó“, das sind Tschechen; im übrigen sind sie einander ähnlich, ausgenommen die Sportabzeichen auf den Ärmeln. Sie sehen aus, als bestünden sie vom Hals abwärts nur aus einem Paar etwa zwei Meter langer Beine, die oben durch eine Norwegermütze oder jenes Band im Haar zusammengehalten werden; erst wenn sich der Skifahrer auspummelt, stellt ihr fest, daß er aus einer staunenswerten und unerwarteten Anzahl von Gliedern und Bestandteilen zusammengesetzt ist, die mit beträchtlicher Mühe suchen, wo was hingehört und wie es zusam-

mengesetzt werden soll, damit er sich hinstellen kann.

Auch die Skifahrerinnen haben das Gefühl, sie seien nichts anderes als lange, schlanke Beine; merkwürdig, welch munterer und befreiter Geist Dianas in die Frauen fährt, wenn sie Hosen anziehen. Und sie gleiten auf ihren Skiern mit einem gemischten Gefühl aus Angst und Leichtigkeit dahin; zwar sehen sie etwas anders aus, als sie selbst es sich vorstellen, dafür aber steht es ihnen gut, wenn sie nach beendeter sportlicher Leistung mit den geschulterten Skiern in die Bauden treten, mit den schweren kleinen Hufen stampfend, um den Schnee abzuschütteln; da sind sie mit einmal Kindern ähnlich.

Ich sage nichts gegen den Skisport; aber er hat etwas Schreckliches, beobachtet ihr den Massenantritt von Skifahrern, wenn sie die Gebirgsbaude belagern, um sich zum Mittagessen durchzudrängen,

oder wenn sie den Sonderzug stürmen. Dann meint ihr, ihr wäret in einen Dschungel von riesigem hölzernem Schilf geraten, der hoch über euren Köpfen aufragt; ihr wünscht euch, eine breite Axt zu haben, um euch einen Weg durch dieses knatternde Dickicht von Skiern und Stöcken zu bahnen, aber da ihr keine Axt bei euch habt, pfeift ihr lieber auf das Mittagessen oder auf den Zug; und dabei müßt ihr noch froh sein, daß euch dort oben im Schnee kein Skifahrer mit seinen Skiern durchbohrt hat, denn sie verfehlten euch nur um Haaresbreite und riefen: „Paß doch auf, du Trottel!“

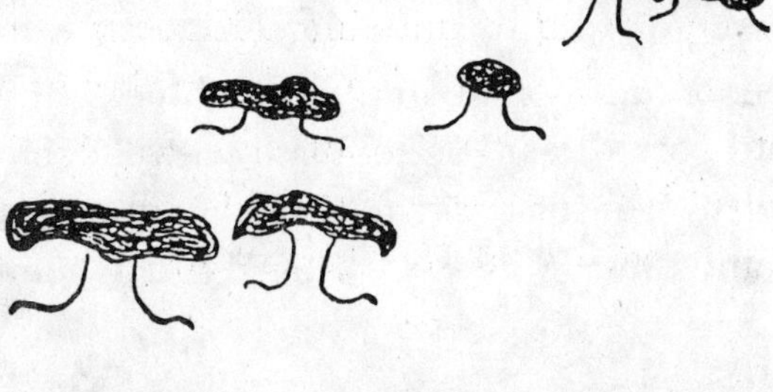

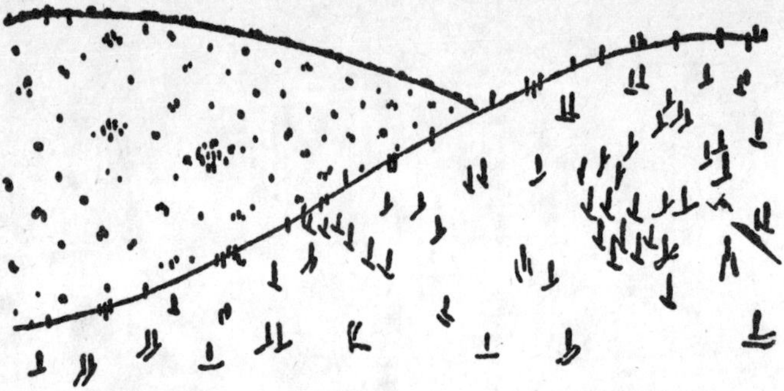

Die Pilze, die ich hier gezeichnet habe, sind keine Pilze, sondern Kuhfladen und Pferdeäpfel auf den Wegen, wo Schnee und Eis schon geschmolzen sind. Zwar gibt es ein Sprichwort, das besagt, zum Unterschied von Bäumen habe so eine leibliche Hinterlassenschaft keinen Schatten, aber das ist nicht wahr; sie wirft zumindest einen Schatten unter sich, und deshalb taut der Schnee darunter lange nicht auf und bleibt wie ein kleines Bein aus Eis stehen, das ein schwarzes Hütchen trägt. Das ist eine interessante Naturerscheinung, die jeden Pilzsucher erfreut. Vermutlich haben die Pilze deshalb ihr breites Hütchen, damit es einen Schatten unter sich wirft und die zarten Sporenfrüchte wie ein Regenschirm verdeckt.

Sonne, Sonne, Sonne; und plötzlich bezieht es sich da und dort, direkt vor der Nase schwebt einem ein Nebelstreifen aus dem feuchten Boden (also hier und auf diese Weise werden Wolken gemacht!), und ehe man es sich versieht, rieseln ringsum Schneeflocken nieder. Und am Morgen ist alles weiß, daß einem die Augen weh tun; so ein aggressives und glänzendes Weiß ist das. Leb wohl, weißestes Weiß; blühen denn bei uns nicht schon die Kirschen?

Nur die Wälder heben sich dunkel ab von diesem blendenden Weiß; doch sie sind nicht mehr senkrecht zu sehen, wie gestern, sondern waagerecht, ganz und gar waagerecht gestrichelt von dem Schnee, der auf die Zweige gefallen ist. Sie sehen aus, als wären sie mit einem großen Kamm festlich gekämmt worden; man möchte sie streicheln und sagen: „Brav."

1936

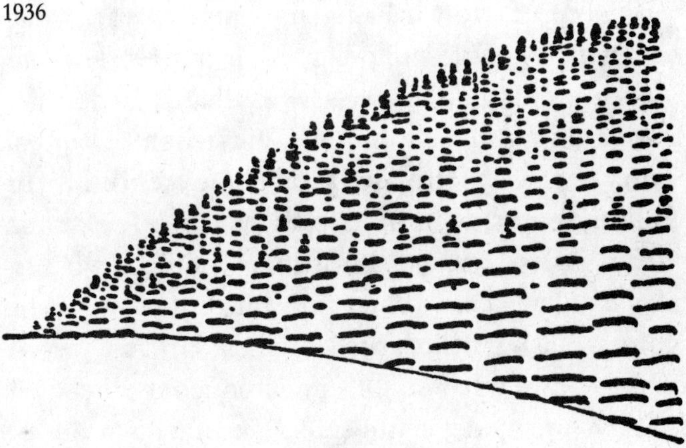

Die Heimat

Die Heimat, oder genauer gesagt, die Gegend, in der wir die Jahre unserer Kindheit verlebt haben, ist überhaupt keine geographische Gegend, sondern eine Vielzahl von Orten und geheimnisvollen Schlupfwinkeln, mit denen wir zu tun hatten, als wir klein waren. Zum Beispiel der Ort, wo Klettenbüsche wuchsen und uns ihre stachligen Kugeln gaben. Der Ort, wo wir badeten, denn das war streng verboten. Der Wiesenrain, auf dem wir Grillen und Eidechsen fingen. Die Gastwirtschaft, in der wir immer ein Hörnchen und ein Würstchen bekamen, wenn wir nach Hronov zum Großvater und zur Großmutter wanderten. Die Esche, in deren Krone wir oft saßen, und der Birnbaum, von dem wir Birnen stahlen. Das Haus, wo unsere erste Liebe wohnte, als wir acht Jahre alt waren. Und so weiter: es sind Tausende von Orten, deren jeder eine Welt für sich war; jeder hatte seine Jahreszeit, in der er sein ureigenstes Geheimnis offenbarte.

Unlängst fuhr mich ein Auto durch die Gegend meiner Kindheit; doch das war nicht mehr das

Rechte. Jetzt war es wirklich eine Gegend, und ich sah zum erstenmal ihr liebliches und ergebenes Angesicht; aber diese Orte, diese unzähligen Orte der Kindheit waren fort; oder sie waren noch da, aber ich habe sie nicht wiedererkannt. Nun waren es nicht mehr tausend Orte, sondern es waren Täler und Höhen, ein schneller und dunkler Fluß, Erde und Himmel; das alles war furchtbar klein, denn es war nicht mehr aus unzähligen Orten und Schlupfwinkeln zusammengesetzt. Jetzt war es die Heimat, die ich gerührt und enttäuscht betrachtete; aber es war nicht mehr die ganze Welt.

1938

Wanderungen durch Prag

Wie Prag gewachsen ist

Prags Relief

Über das alte Rom haben wir gelernt, es sei auf sieben Hügeln erbaut worden. Auf wie vielen Hügeln Prag erbaut ist, weiß niemand, vielleicht nicht einmal der Herr Bürgermeister, ja nicht einmal das Staatliche Geographische Institut. Ich nehme an, daß es in Prag Täler und Hügel gibt, die noch nicht entdeckt sind; daß es hier Orte gibt, die noch kein menschlicher Fuß betreten hat, von Liebespaaren abgesehen. Der eingesessene Prager kennt natürlich nur Letná, den Hradschin, Petřín und vielleicht noch Riegrovy sady; Vyšehrad kennt er eher aus alten Sagen und Židovské pece aus ziemlich undurchsichtigem Gerede. Man muß mit der Leidenschaft eines Forschers von Podolí bis Vysočany und von Šárka bis Hlubočepy und Zlíchov am Stadtrand entlangwandern, um mit Entsetzen und Erstaunen Prags Relief zu ertasten; da findet ihr unbekannte Berge, Hügel, Halden, Anhöhen und Erhebungen, Abstürze, Abhänge und Berglehnen für arme Liebespaare, Täler, Schluchten, Wasserrisse, Gründe, Brüche und Bodensenkungen, Felsen und Löcher, Dickichte und Seen; ihr entdeckt ein Terrain, das häßlich und auch sonderbar anziehend ist, ihr schüttelt den Kopf über Libuše, wo sie mit ihrer Gründungsmanie hingekommen ist, und über die Menschen, die es nicht fertiggebracht haben, auf diesem reich gegliederten Boden die schönste Stadt der Welt zu erbauen. Ihr findet Felder und Gemüsegärten mitten in der Stadt; ihr entdeckt Wüsten und Steppen am Fuße der Straßen; ihr macht an Ziegenhängen halt und laßt euch auf einem schmalen Liebesrain nieder, den kein einziger Baum beschattet. Es ist eine seltsame, arme und ungewöhnlich verödete Gegend; es ist ein Stück Land, das in eine schreckliche und mitunter geradezu strenge und große Häßlichkeit hineinwächst.

Es läßt sich nicht anders sagen: die Stadt wächst wie Aussatz oder eine andere gräßliche Destruktion; sie wächst, und dabei schiebt sie ihre unverhohlene Häßlichkeit, ihren Schmutz, ihre Schutthalden, ihr Zerstörungswerk immer weiter in die Randgebiete; sie versengt die Vegetation und legt die Erde bis auf die Knochen bloß; wenn die Erde schreien könnte, würden wir in stillen Nächten ihr qualvolles Geheul hören, das uns umgibt. Was vor einem Jahr grünes und friedliches Feld war, wird zerwühltes Ödland voller Unkraut und Unrat; die Erde schwärt im Schlamm, bröckelt, verwandelt sich in Ton und Geröll. Immer weiter rückt der Frontverhau aus Scherben, rostigem Blech und unaussprechlicher Schweinerei; täglich verbeißt er sich in neue Berglehnen und überzieht weitere Talsenken. Die Stadt unternimmt Ausfälle in ihre Umgebung; hier faßt sie mit ein paar kleinen Häusern Fuß auf einer Anhöhe, läßt sie als Wachposten dort stehen und stürzt sich auf die nächste Anhöhe, sobald sie die Erde hinter sich in tauben, unfruchtbaren Boden und in Müllplätze verwandelt hat. Sie hat ihre Wachposten über Motol, über Michle, in Bohdalec und hinter Žižkov verteilt, überall, wo es unberührte Flächen und Hänge gab. Nicht die Stadt wächst; es wachsen Einsiedeleien auf Brachflächen; und mit ihnen wächst die Zone öden, verzweifelten, verwilderten Landes, das man Peripherie nennt.

Aus den Einsiedeleien sprudeln schmutzige Rinnsale in Gräben, die von Glasscherben und Blechbüchsen verstopft sind; in winzigen Gärten kämpfen die Anwohner mit zähem Lehm, obwohl hier einmal Ackerboden gewesen ist; auf dem Rain sitzen Verliebte, die Finger ineinander verflochten, Jünglinge dudeln auf der Harmonika, oder ein stiller Einsiedler wickelt stundenlang Draht um die Spule seines Rundfunkapparates, in seiner Geduld den Frauen ähnlich, die in der alten Welt Strümpfe strickten oder Spitzenstreifen häkelten. Die kahlen, vom Regen ausgewaschenen Hänge sind die Parks der Armen; wie viele Bäume wären nötig, damit das alles ein wenig der Natur ähnelte, mein Gott, wie viele Bäume! Wo sind überhaupt die Bäume der Prager Peripherie geblieben? Hat die bröcklige Tonerde sie niemals ernähren können? Hier waren doch mal Weinberge und Obstgärten; vielleicht gab es an den langen Straßen alte Alleen. Handelt es sich um eine Gegend, die noch nicht fertig, oder um eine Gegend, die entwurzelt und verwüstet ist? Wenn wir uns zusammentun, wenn jeder dem Land um uns herum ein grünes Bäumchen schenkt: wie schön würde es hier in fünfzig Jahren sein! Nein, gehen wir nach Hause; wir sind noch nicht dahintergekommen, daß Städtebau Landschaftsgestaltung ist.

1926

Für das alte Prag

Wir hielten aus ganzem Herzen zu ihnen, zu den Denkmalspflegern, als sie das alte Prag gegen das jungtschechische Rathaus und gegen die Hausbesitzer verteidigten, die bereit gewesen wären, auch das Waldstein-Palais abzureißen, um an seiner Stelle einen Block dreistöckiger Mietshäuser im berüchtigten Stil der Mikulášská ulice* oder des Riegrovo nábřeží** zu errichten. Es sei also wahrheitsgemäß gesagt, daß ihnen unsere Sympathien und auch das öffentliche Interesse galten; aber es sei auch wahrheitsgemäß zugegeben, daß wir uns heute mit ihnen manchmal keinen Rat wissen, wenn sie protestieren, weil eine Hauptstraße verbreitert werden soll, wobei irgendein altes Haus mit einer Barockfassade daran glauben müßte, oder weil ein Ziegelhäuschen abgerissen werden soll, das sich zwischen den sogenannten Handelspalästen duckt. Tatsache ist, daß wir uns dem denkmalpflegerischen Bemühen tüchtig entfremdet ha-

* Jetzt Pařížská třída, Pariser Straße.
** Jetzt Gottwaldovo nábřeží, Gottwaldufer.

ben; aber die Frage ist, ob wir dabei nicht das Kind mit dem Bad ausschütten.

Hier sind ein paar Tatsachen, die schlecht zueinander passen: Das alte Prag ist wirklich wunderschön; wir haben uns schon allzusehr daran gewöhnt, aber ich könnte zitieren, was Leute aus anderen Winkeln der Welt sagen, die alle Städte von Konstantinopel bis Lissabon durchwandert haben. Das bezieht sich aber nur auf die seltene Schönheit des alten Prag; obendrein ist hier das Historische im Spiel, das, was Staaten und Städten einen besonderen Adel verleiht. Die Erhabenheit der Loretokirche oder des Křižovnické náměstí sind weitaus größer als all der Glanz der neuen Banken oder Handelspaläste. Es geht hier nicht um ein oder zwei alte Häuser, sondern um die angestammte Noblesse eines alten Kulturzentrums: um einen Wert, der sich nie mehr ersetzen läßt, wenn er einmal beschädigt wird.

Eine ganz andere Tatsache ist es, daß eine moderne Stadt atmen, Raum für Verkehr haben, kaufen und verkaufen muß; und die Dimensionen des alten Prag reichen für diese sehr dringlichen Bedürfnisse des Lebens und Treibens nicht aus. Geht einmal durch die Altstadt oder durch die Hauptadern anderer Viertel; ihr empfindet geradezu körperlich, wie dieses eingeklemmte und abgedrosselte Leben die alten Mauern, die zu eng geworden sind, mit Ellbogen und Schultern wegschieben möchte. Vieles von unserer Prager Muffelei und

Meckerei stammt offenbar daher, daß unser Gang durch die Straßen ein chaotisches Gerempel zwischen den Ellbogen der Fußgänger ist. Also Raum für Bewegung! Raum für Licht und Luft! Raum für große Läden und zweckmäßige Büros! Die Stadt muß dem heutigen Leben dienen; was sich ihm in den Weg stellt, das werden wir nicht retten können.

Der Abriß des alten Prag wird unwiederbringlich fortschreiten, solange es den Verkehr und andere Funktionen des städtischen Lebens behindert; das aber wird es um so mehr tun, je mehr man die Innenstadt zum einzigen Zentrum der Millionenstadt macht. Hier liegt des Pudels Kern: der gesamte Prager Geschäfts- und Vergnügungsbetrieb drängt seit der Zeit des Umsturzes geradezu fieberhaft ins engste Zentrum der Stadt. Handel, Banken, Büros, Kinos, Hotels, Restaurants, Theater, alles wird überstürzt in die wenigen Gassen gestopft, die unmittelbar an die ältesten Prager Viertel grenzen; dadurch entsteht eine künstliche Zusammenballung, während ein paar Straßen weiter das schläfrige Leben der Wohnviertel seinen Fortgang nimmt. Ihr lebt in einem Wohnviertel, aber zum Einkaufen müßt ihr ins Stadtzentrum fahren; eure Bank, euer Kaffeehaus, eure Lieferanten, alles befindet sich in diesen wenigen übervölkerten Straßen, gleichviel, ob ihr auf der Ořechovka oder in Vysočany wohnt. Vom Standpunkt des modernen Städtebaus ist das ein schrecklicher Unsinn; in allen modernen Großstädten seht ihr die entgegengesetzte Tendenz: Geschäfte, Theater, Kinos, Bankfilialen ziehen ihren Kunden und Klienten nach an die Peripherie und in die Wohnviertel und bilden dort neue Zentren. Das moderne Geschäft geht zu seinem Kunden; es stiehlt ihm nicht seine Zeit, indem es ihn zwingt, drei Kilometer zu laufen, wenn er sich Manschettenknöpfe kaufen will. Darin könnte das neue Prag genügend Erfahrungen in Berlin, Paris und London sammeln; indessen fördern wir die fatale Entwicklung einer sinnlosen und überlebten städtischen Zentralisierung. Es wäre nötig, eine zielbewußte Siedlungspolitik zu betreiben, die der Dezentralisierung des städtischen Verkehrs dient. Wenn das alte Prag gerettet werden soll, müssen wir das Leben des neuen Prag besser regeln. Ein moderner Platz mit Geschäften in Prag XII oder XIV würde ein Stück des barocken Prag retten. Es geht darum, wie man dem nachhelfen soll; es geht um eine Städtebaupolitik, die den Verkehrsstrom der Verbraucher in einen ganzen Kranz von peripheren Zentren lenkt. Der Kampf um das alte Prag ist von vornherein verloren, wenn er nicht mit dem Bemühen um ein modernes Prag verbunden wird. Wird der Kampf aber verloren, so büßt das moderne Prag allzuviel von dem ein, was ihm als Erbjuwelen bewahrt bleiben sollte.

1928

Das Gebäude des Nationaltheaters

In den Tagen, da wir die fünfzigjährige Wiederkehr der Grundsteinlegung des Nationaltheaters feiern, geziemt es sich, auch seiner Erbauer zu gedenken, der Architekten Zítek und Schulz und der ganzen „Künstlergeneration des Nationaltheaters", der Bildhauer Schnirch, Myslbek und Wagner, der Maler Aleš, Ženíšek, Tulka, Mařák, Adolf Liebscher, Hynais und Brožík, all derer, durch deren gemeinsame Arbeit dieses Gebäude von seltener und edler künstlerischer Einheit entstanden ist.

Die Baugeschichte des Nationaltheaters von den ersten Plänen bis zum zweiten Bau nach dem Brand, ja eigentlich bis zur technischen Adaptierung unserer Tage wäre ein reichhaltiges Kapitel für sich; sein Hauptinhalt wäre der ständige Kampf um die Gewinnung des notwendigen Raumes, ein Kampf, von dem die ruhige und feierliche Silhouette des Theatergebäudes fast gar nichts verrät. Erst im Innern, im Labyrinth der Kammern und Gänge vom Kesselraum bis zum Schnürboden, würdet ihr begreifen, wie hinter diesen harmonischen Mauern alles geradezu birst in der räumlichen Enge, die der Architekt zu überwinden hatte. Ein vollkommener Sieg war von vornherein unmöglich; das Theater wächst innerlich, es wuchs schon zur Zeit Zíteks, und nicht einmal die äußerste Ausnutzung der Höhe des verbauten Raumes genügte für die rasche innere Entfaltung. Deshalb wird die Baugeschichte des Nationaltheaters erst mit einem zweiten, neuen und größeren Bau des tschechischen Theaters abgeschlossen sein.

Ein anderes, überaus erfreuliches geschichtliches Kapitel würde davon erzählen, welchen Anteil der Bau des Nationaltheaters an der Geschichte der tschechischen bildenden Kunst hatte. Die schönste Epoche unserer Kunst trägt den Namen des Nationaltheaters. Schaut euch noch einmal die Lünetten von Aleš im Foyer des Theaters an; dieser melodische Zauber, die lineare Melodie, heldenhaft und lyrisch zugleich, Heroismus und Anmut, Beschwingtheit und Herzlichkeit, da habt ihr die lauteren und zutiefst heimatlichen Eindrücke, die bei den Landschaften Mařáks in der Königsloge in euch aufsteigen, die in der feierlichen und doch intimen Architektur des Zuschauerraumes vielleicht wieder in euch lebendig werden und die ihr schließlich am liebsten in Smetanas Musik hineinlegt.

Mögen die anderen Dekorationen auch weniger vertraut zu uns sprechen, trotzdem empfinden wir in ihnen ehrfurchtsvoll und staunend den Strom der Kraft, der die tschechische Kunst mit einem Male so große Aufgaben meistern ließ. Und diese jäh aufgestiegene Kraft ist das geschichtliche Geheimnis der „Generation des Nationaltheaters".

Doch heute denke ich an eine andere Geschichte: an das unsichtbare Geschehen, durch das das Gebäude des Nationaltheaters in diesen fünfzig Jahren so mit dem Prager Boden verwachsen ist wie kein anderes Bauwerk.

Es gibt in Prag drei Orte, die die ganze Stadt verkörpern, drei Symbole, die in großer Prägnanz die gesamte Schönheit und den Ruhm Prags ausmachen: Hradčany – den Hradschin, Staroměstské náměstí – den Altstädter Ring, Národní divadlo – das Nationaltheater. Ich meine jetzt nicht, was sie uns bedeuten und woran sie uns historisch erinnern, ich meine den Wert ihrer Anschaulichkeit im Rahmen Prags. Der Hradschin ist so eng in den Landschaftscharakter der Stadt verwoben, daß er geradezu als monumentaler Ausdruck unseres Bodens erscheint; zugleich aber ragt er in seiner strengen Einsamkeit als horizontale und vertikale Dominante in die Höhe und verbindet höchste Selbständigkeit und Einheit mit unendlicher Schönheit. Ähnlich gliedert sich der Altstädter Ring aufs engste in die Stadt ein als ihr geschlossenes Zentrum; aber schon allein seine feste Geschlossenheit hebt ihn architektonisch hervor und macht ihn zu einem

Ganzen von geradezu schroffer Selbständigkeit, gekrönt von dem scharfen Doppelakzent von Rathaus und Teynkirche.

Das Nationaltheater schließlich verwächst so glücklich mit seinem landschaftlichen Umfeld wie kein anderes Bauwerk in Prag. Sein Umfeld, das ist die lichte, sanfte Moldau mit ihren lieblichen Inseln, der luftige, helle Korridor des Moldau-Tales, auf der anderen Seite die grüne Welle des Petřín und der weite Hradschin. Es gibt keinen lyrischeren Ort in Prag. Und da wächst, durch eine Loggia und durch seine Auffahrt reich und lieblich mit dem Boden verbunden, ohne schweres Fundament, goldbraun und weich im Ton, das Theatergebäude in die Höhe; die Schwere der Straße überwindet es mit mächtigen Säulen, denn hier, in der engen Straßenmündung, muß es seine Herrschaft schon von unten her mit einem erhabenen Portikus und einer triumphalen Säulenperspektive zur Geltung bringen. Dafür bedarf es zum Fluß hin keiner geballten plastischen Monumentalität; der freie Raum der Flußlandschaft schließt sich klar und rein der breiten Seitenfläche des Theaters an, das Gebäude entfaltet sich zur Silhouette, leicht und feierlich wölbt sich die ovale Kuppel in die Höhe. Indem es die Straße mit seiner Monumentalität und den freien Raum mit seiner beschwingten Silhouette beherrscht, wird das Nationaltheater zweifach mit seinem landschaftlichen Umfeld verbunden; nehmt dazu die Lieblichkeit und Sicherheit der lombardischen Renaissance, die anmutigen Proportionen der Gliederung, die Größe ohne Schwere, die Reinheit des Details und schließlich die, ich weiß nicht wie erklärbare, wahrlich poetische, wahrlich vertrauliche und herrliche melodische Beschwingtheit dieses Gebäudes, und ihr begreift, warum für mich das Nationaltheater durch die Tiefe und Reinheit seiner architektonischen Lyrik mit seinem Umfeld verwächst.

Es verwächst, aber es vermischt sich nicht mit ihm. Es beherrscht seine Umgebung durch Souveränität wie durch Harmonie. Es ist der monumentale Abschluß des landschaftlich geglückten Františkovo nábřeží*, die feierliche Einmündung in die Ferdinandova třída**, das Kleinod der Prager Uferpartie, zugleich aber steht es mit unermeßlicher Intensität und Selbständigkeit für sich. Der Zufall, der manchmal Wunder vollbringt, hat es mit Gebäuden umgeben, die ganz flache Fassaden und ganz geradlinige Konturen haben. Nichts konkurriert linear oder stofflich mit dem Theaterkörper. So haben sich die künstlerischen und die landschaftlichen Bedingungen verbunden, um mit dem Nationaltheater ein Monument zu schaffen, das für seinen Standort ungemein typisch ist. Deshalb verkörpert das Nationaltheater die Anmut Prags, ähn-

* Jetzt Smetanovo nábřeží, Smetanaufer.

** Jetzt Národní třída, Nationalstraße.

lich wie der Hradschin seine vertikale und horizontale Größe und wie der Altstädter Ring sein abgeschlossenes Zentrum verkörpert.

Sicher ist der Říp der schönste tschechische Berg; und doch hat ihn erst der nationale Mythos zum Symbol und Repräsentanten unseres Landes geweiht. Unvergleichlich ist die Schönheit des Hradschin, und diese Schönheit ist zugleich ein Bild der Geschichte und eine Verheißung für die Zukunft. Keiner unserer Plätze bietet einen schöneren Anblick als der Altstädter Ring, aber erst das Monument des Blutes macht ihn zum Mittelpunkt des Königreiches. Das Nationaltheater hat keinen solchen Mythos und keine solche Geschichte, und doch ist es mit unserem Boden und unserer Seele ebenso fest verwachsen wie jene berühmten oder historischen Orte; und das liegt an dem geheimnisvollen und unsichtbaren Geschehen, mit dem das Gebäude fünfzig Jahre lang gelebt hat.

Aus einem großen Ehrentag des Volkes geboren, ist das Nationaltheater bis heute eine Ehrung des Volkes geblieben. Heute fühlen wir es: nicht nur Drama und Oper, sondern Festlichkeit, Verherrlichung, Ehrung der Nation sind für uns sein wahrer Sinn und Inhalt. Die großen und freudigen Tage heiligen es. Der Mythos der Freude hüllt es ein. Wir können uns keinen großen Nationalfeiertag ohne das Nationaltheater vorstellen; Besuche und

Festlichkeiten, Kongresse und Freuden haben es erfüllt und werden es erfüllen. Deshalb ist es uns in diesen fünfzig Jahren so ans Herz gewachsen, daß es in uns ganz mit dem goldenen Klang eines großen Feiertags tönt. Deshalb ist es für uns der Repräsentant des von Freude erfüllten, gefeierten und jubelnden Prag. Das ist es, und das wird es sein.

1918

Auf der Prager Burg

Ihr wißt, daß die Prager Burg schon ein Jahrtausend alt ist; aber was ihr wahrscheinlich nicht wißt – sie wurde von Anfang an fast haargenau in ihren heutigen Grenzen angelegt, also in einem für damalige Verhältnisse beispiellosen Maßstab. Nur war dort, wo sich heute ein Tor – Matyášova brána – befindet, ein Burggraben und dort, wo die erste Auffahrt ist, ein zweiter und ein Stückchen weiter noch ein dritter – aber das müßte euch der Architekt Fiala erklären, der hier jeden Stein kennt und euch sagt, unter welchem Landesfürsten er ordnungsgemäß an seinen Platz kam. Er würde euch auch zeigen, wie man romanisches Gemäuer von spätgotischem unterscheidet – das romanische ist nämlich besser und ehrlicher, seit jener Zeit befindet sich die Welt ja in ständigem Niedergang; romanisches Gemäuer umspannt die ganze Burg von Matyášova brána bis Opyš und Jelení příkop, und somit war die Prager Burg die größte im alten Römischen Reich.

Doch es geht nicht nur um die Ausdehnung; das

heutige Interesse für die Burg gilt vielmehr der Tiefe, und zwar einer Tiefe von sieben Metern unter der Erdoberfläche. Unter dem dritten Hof und dem Vladislavtrakt der Burg entsteht ein merkwürdiges unterirdisches Labyrinth; heute wühlen dort an die zweihundertfünfzig Menschen mit Spitzhakken, Schubkarren und Beton, manchmal müßt ihr euch bücken, um durchzukommen, ihr seid sieben Meter unter dem Pflaster; unter sieben Metern Schotter und Erde ruhten die Überreste von allerlei Kammern, Gängen, Häusern und sogar von Kapellen – drei bisher unbekannte Kapellen sind auf diesem kleinen Abschnitt der Burg ausgegraben worden; noch tiefer fand man gezimmertes Holz und Gebälk aus vorromanischer und vorchristlicher Zeit – das Holz ist schwarz und völlig vermodert, aber es ist das älteste Stück von Prag. In den sieben Metern Schotter, die sich auf diesem historischen Boden angehäuft haben, fand man noch mancherlei anderes; mehrere Friedhöfe, unzählige menschliche Gebeine, eine Menge Scherben, aus denen ein geschickter junger Archäologe schon einige hundert Töpfe, Kessel, Krüge und Teller, von denen einst die tschechischen Könige und ihr Gesinde zu speisen pflegten, wieder zusammengeklebt hat, außerdem in den Brunnen geworfene alte Stiefel und Bundschuhe, vertrocknete und gleichsam mumifizierte Katzen und Ratten, allerlei Bruchstücke und Reste und Abfälle menschlichen Lebens aus tausend Jahren; es sind nicht gerade Ali Babas Schätze, dafür aber sind es intime und nahezu rührende Andenken an die Hände, die diese Dinge – jetzt Bruchstücke und historischer Kehricht – einst hergestellt, benutzt und auf den Abfallhaufen geworfen haben. Abfallhaufen waren offenbar überall, wo nicht gerade ein Haus stand. Dereinst werden es obendrein Andenken an die Hände sein, die diese Fragmente aus der Erde geborgen, gesäubert, zusammengeklebt und mit geradezu religiöser Sorgfalt aufbewahrt haben.

Nun, auf der Prager Burg sieht man und wird man sehen können, wie jeder neue Hausherr etwas improvisiert, abgerissen, umgebaut, zugebaut, angefangen und nicht zu Ende geführt, verändert, verlegt, erweitert und zerstört hat. Hier zum Beispiel baute Fürst Břetislav, aber schon vorher hatte dort etwas gestanden; dann wurde die Holzdecke abgerissen und durch ein Tonnengewölbe ersetzt – das ist der romanische Palast der Prager Fürsten, zwei wunderschöne Säle sieben Meter unter der Erde, die Weinkeller Seiner Majestät des Königs, dann eine Lagerstätte für allen Unrat und heute die größte Entdeckung im unterirdischen Bereich des Hradschin. Später errichtete Přemysl Otakar darauf gotische Arkaden und einen neuen Palast, aber Karl IV. mauerte die Arkaden zu, richtete dort Kanzleien ein und verlegte seine Wohnung ein Stockwerk höher; König Vladislav wiederum mauerte zu, was Karl erbaut hatte, und ließ hier für die damaligen diplomatischen Teegesellschaften und Empfänge den Vladislavsaal entstehen. Im gesamten Vladislavtrakt tritt die Reihe der Bauepochen Schritt für Schritt hervor: überall vermauerte Fenster, Bogen, Erker, verputzte Profile (wie die Maurer sagen), das unbarmherzig durchbrochene und umgeänderte Werk des Vorgängers; ein Konglomerat von Epochen, einander durchwachsende Kristallisierungen mehrerer Zeitalter, zerschnittene und überklebte Seiten einer Chronik. Damals war man nicht versessen aufs Abreißen; der neue Baumeister baute auf, neben oder mit dem alten Gemäuer; manchmal brannte es ab, und dann baute man auf dem, was stehengeblieben war, fügte einen neuen Seitenflügel hinzu, eine neue Treppe, und die Sache hatte sich; für irgendwelche Krönungsfeiern und Turniere schuf man kleine Gänge, Pawlatschen und Estraden, außen setzte man Kapellen, Kreuzgänge, Läden, öffentliche Küchen, Ställe und Unterkünfte für allerlei Herumtreiber daneben, später richteten sich hier die Habsburger im großen Stil ein, machten alles dem Erdboden gleich und ließen nur den Vladislavflügel stehen; und jetzt wimmeln dort zweihundertfünfzig Erdarbeiter, Maurer, Baumeister und Gelehrte, graben aus und entziffern, was noch möglich ist, leiten das Grundwasser ab, stützen unsichere Fundamente und erhalten die bruchstückhafte und beredte Baugeschichte für immer, während im neuen Flügel des Schlosses ein moderner Architekt mit besonders reinem und edlem Talent in den labyrinthischen Mauern von glattem Granit, harten Ziegeln und poliertem Holz die Residenz der Präsidenten installiert. Für die nächsten Jahre ist die Chronik der Burg noch nicht abgeschlossen.

1928

Lichter über Prag

Wenn man sich nachts Prag nähert, sagen wir von Nymburk her, sieht man bereits von Čelákovice am westlichen Horizont so ein blasses, mattes Leuchten. Ob das schon Prag ist? wundert man sich und will es gar nicht glauben, denn im vorigen und vorvorigen Jahr waren doch die Lichter von Prag noch nicht aus solcher Ferne zu sehen, o nein! Nach einer Weile sieht man, es ist eigentlich kein Leuchten, sondern ein Blitzen; am schwarzen Horizont blitzt ein kleiner blasser Schein auf und verschwindet, und das wieder und wieder; alle drei Sekunden springt das Lichttüpfelchen hervor und erlischt, ehe man es sich versieht.

Ganz wie ein Leuchtturm, sagt man sich und erinnert sich an Leuchttürme, die man in dunklen Nächten über dem schwarzen Wasser des Meeres leuchten und blinken sah. Es wäre besser um uns bestellt, wenn wir wenigstens ein Stück Meer hätten, denkt man; das Meer, Menschenskind, das ist die große weite Welt, der Weg in die Welt, ein weit offenes Tor in alle Länder der Welt; wir aber, wir sind eingesperrt in unseren Grenzen wie ein kleiner Gewerbetreibender in seiner Werkstatt.

Zum Kuckuck, sagt man sich dann, es muß doch ein Leuchtturm sein! Da, jetzt sieht man eine Strahlengarbe, die sich immerzu im Kreis dreht wie das Feuer eines Leuchtturms; sie flammt auf und verschwindet, tastet die bodenlose Finsternis ringsum ab wie ein Leuchtturm auf einem nächtlichen Riff. Ach ja, fällt einem plötzlich ein, es ist doch ein Leuchtturm! Es ist der kleine Leuchtturm auf dem Flugplatz in Kbely; aber man könnte das Licht für ein Hafenfeuer halten.

Jetzt ist es kein Lichttüpfelchen mehr, sondern ein großer Lichtarm, der gewaltsam in die Dunkelheit ringsum stößt. Eigentlich ist das schön. Es blitzt fern am Horizont wie bei einem Gewitter; aber während sich die gezackten und verästelten Blitze zwischen Himmel und Erde entladen, flammt hier alle drei Sekunden der große weiße Blitz eines Leuchtturms auf, ein vom Menschen geschaffener nützlicher Blitz in der Finsternis. Und jetzt bewegt sich das von einer Stelle am Horizont emporschießende Lichtband schon über den ganzen schwarzen Himmel und durchschneidet das grenzenlose Dunkel; irgendwo in der Nähe – wo ist das wohl? – glühen zwei rote Lichter; das eine leuchtet ruhig, und das andere blinzelt in regelmäßigem Rhythmus; es sieht wie eine Boje aus, wie ein Signal an einer Hafeneinfahrt. Und etwas höher – wo ist das wohl? – ist ein kleines weißes Licht; nein, es sind zwei Lichter, ein weißes und ein grünes; und da sind noch zwei Lichter, ein weißes und ein rotes. Das weiße und das grüne Licht kommen mit einem Male näher und steigen in die Höhe – herrje, das ist ja ein Flugzeug! Und das weiße und das rote Licht gehören ebenfalls einem Flugzeug, und die beiden Lichterpaare umkreisen einander, trennen sich und suchen einander wieder; es ist wie ein Liebesspiel zweier Flugzeuge in der Brunstzeit – ihr Aeroplane, wer von euch beiden ist das Weibchen?

Plötzlich brummt ganz in der Nähe ein drittes Flugzeug und wird vom riesigen Lichtarm des Leuchtturms erfaßt; für einen Augenblick flammt es am schwarzen Himmel in schrecklicher metallener Phosphoreszenz, glänzt wie eine riesige Libelle, dann wird es wieder vom Dunkel verschlungen; man hört sein hartes Dröhnen. Das kam plötzlich und schrecklich wie eine Offenbarung; eigentlich war es wirklich eine Offenbarung; in diesem kurzen und blendenden Aufblitzen offenbarte sich die erregende Schönheit eines neuen Zeitalters und mit ihr ein Stück Zukunft.

Kleiner Leuchtturm des Flugplatzes von Kbely, sei bedankt; nun haben wir einen richtigen Hafen mit einem Leuchtturm, der im Dunkel unsere Küste anzeigt; der Raum, der uns umgibt, hat sich durch das Schwingen deiner Arme erweitert. Wir haben kein Meer; aber du, kleiner Leuchtturm von Kbely, bist das Zeichen der brausenden Fernen, die uns umspülen.

1931

Der Gipfel des Heiligen Kreuzes

Den Gipfel des Heiligen Kreuzes werdet ihr eher mit dem profanen Namen Židovské pece, Judenöfen, erfragen; aber es gibt dort weder Öfen noch ein Kreuz und auch keine Juden; es gibt dort nur kümmerliches Gras, ausgehöhlte und zerklüftete Hänge und vor allem Žižkover Volk. Es ist ein kahler, zerschundener und schroffer kleiner Bergrükken, ein wenig Steinbruch, ein wenig Kinderspielplatz und in späten Stunden allerlei anderes; auf der einen Seite schließen den Horizont die Friedhöfe von Olšany, die mit ihren Pappeln und Zypressen und mit den Kuppeln der Grüfte und den Türmchen sehr südländisch und poetisch aussehen; unter ihnen der vergessene kleine Teich von Olšany, eine Bucht voll Schleim, das Wasser grün wie in einem Bergsee und dick wie Sahne. Ringsherum nach unten zieht sich Žižkov, schwarz, verrußt und abbröckelnd, fern am Horizont der Hradschin, von hier aus beinahe etwas unwirklich und nur so symbolisch hingehaucht; und auf der anderen Seite des dunklen Tales der grüne Vítkov, die massive

Grenze des Žižkover Beckens. Hinten schließt sich an den Hügel der geheimnisvoll ummauerte Garten der Munitionsfabrik an, wo Schüsse krachen wie in einer Zone ewigen Krieges.

Am Tag sind hier Kinder mit Drachen, Kinder mit Bogen aus Regenschirmrippen und Kinder mit Spielkarten; Halbwüchsige, die auf dem Bauch liegen und Karten dreschen; junge Burschen, die den Kopf ihrer Liebsten in den Schoß gelegt und das Gesicht mit der Mütze bedeckt haben; die Liebste rührt sich nicht, in stiller Anerkennung der männlichen Hoheit. Mütter aus Žižkov flicken Wäsche oder trocknen Pilze; junge Väter tragen ihre Bälger auf den Armen herauf; alte Männer mit Pfeife tappen hierher und sitzen reglos über dem langgestreckten rauchenden Prag. Ein hochaufgeschossener Junge spielt so konzertreif Harmonika, daß er sich sehen lassen kann; um ihn im Kreis junge Burschen, die auf dem Bauch liegen, das Kinn auf die Faust gestützt haben und unbewegt den wilden Schluchzern lauschen, mit denen der konzertierende Bursche die zärtliche Melodie ausschmückt. Eine große Frau mit hochschwangerem Bauch steht regungslos vor dem Hintergrund des Himmels wie ein prähistorischer Monolith.

Auf den aufgewühlten und ausgehöhlten Hängen, auf den Terrassen aus Schotter und Unrat, auf den Inseln aus Blechbüchsen und Geröll wachsen Holzhäuschen, aus Latten und Brettern und altem Blech und Pappe zusammengezimmert; neue menschliche Behausungen, Typ 1924, vielleicht noch etwas ärmlicher als anderswo, weil es hier keine Handbreit Boden gibt, wo man ein Beet anlegen könnte. Die Hausbesitzer werkeln im Umkreis ihrer Bruchbuden und fahren auf Schubkarren Splitt an, vergeblich bemüht, den bröckelnden Hang zu ebnen. Rote und blaue Federbetten in den Fenstern, viele Kinder und durchdringendes Weibergekreisch. Nur auf dem Gipfel hat sich ein Volkspark erhalten: Brachland ohne einen einzigen Baum, spärliches und zähes Gras zwischen rostrotem Sand, aber noch genug, damit sich die halb kindlichen Liebespaare in der Dämmerung dort, wie man so sagt, auf grünem Linnen niederlassen können. Und in der Nacht, in der Nacht hat man hier nichts zu suchen; es ist ein Ort von ziemlich schlechtem Ruf.

Weiter, jenseits der Munitionsfabrik, sind hinter einem Drahtzaun kleine Gärten von Eisenbahnern; es sind winzige Gärten, aber sie bieten Platz genug für Kohl und Sonnenblumen, feuerrote Kresse und Begonien und Dahlien und für einen Kasten mit einem kleinen Fenster und einem aufragenden Blechrohr; tja, in diesen Kästen wohnt man offenbar. Wo der Hang ein wenig ausgehöhlt ist, wird eine Bretterbude gebaut, sie wird rosa oder blaßblau angestrichen, und fertig; wieder hat eine Familie ein Dach überm Kopf. Und noch weiter, auf dem letzten Ausläufer des Bergrückens, ist eine richtige lange und traurige Kolonie, und hinter ihr sind weite Sandflächen, eine Mondlandschaft, durchschnitten von kleinen Gebirgszügen und Kratern, auf deren Grund grüne Teiche modern. Hier ist die Stadt wirklich zu Ende; bis auf die Knochen abgenagt und verwundet, geht der Boden der städtischen Terrains plötzlich in ein schönes und friedliches Gebiet bestellter Felder über.

Die Leute, die noch weiter wollen, in eine der an den Wegen verstreuten Einsiedeleien, sind still und erschöpft; sie trotten einzeln und tragen ein Bündel, in dem sie morgens ihr Mittagessen zur Arbeit mitgenommen haben; sie verlieren sich in den Feldern, immer ferner und ferner, wohin dein Blick nicht mehr reicht und wohin du vielleicht niemals kommen wirst.

Auf dem Rückweg brauchst du sehr lange, bis du wieder die rote Vorortstraßenbahn klingeln hörst.

1925

Rafanda

Ich glaube nicht, daß dies der offizielle Name des neuen Prager Viertels ist, das oberhalb des Rangierbahnhofs von Vršovice und des Edenparks wächst; doch die Leute in der Gegend haben den Namen Rafanda offenbar im Zeichen der familiären und nachbarlichen Verhältnisse in dieser völlig neuen kleinen Stadt geprägt, die seit dem Winter mit einem für unser Bauwesen sensationellen Tempo sozusagen aus dem Boden geschossen ist.

Zunächst finden wir dort eine Reihe von städtischen Häusern, wo die Elite von Rafanda wohnt. Das sind niedrige, lange gemauerte Schuppen, jede Haustür führt unmittelbar in den einzigen Raum, aus dem die ganze Wohnung besteht; dafür zahlt man, wie es heißt, 700 Kronen Miete im Jahr, und wenn man hier am Sonntag vorübergeht, hört man ein paar Grammophone, eine Menge Kinder und am blauen Himmel Lerchen. Jenseits der Straße aber liegt das eigentliche, selbstgebaute, moderne Rafanda.

Rafanda ist ein Werk des Volkes; jeder baut sich

sein Häuschen aus dem Material, das er auftreiben kann: aus Kisten, Latten, Abrißresten oder Pappe. Und da sich das ganze Viertel noch im Aufbau befindet, da man dort überall unentwegt beim Mauern, Zimmern, Ausbauen, Dachdecken, Ofensetzen und Gärtnern ist, könnt ihr euch die Arbeitsweise, die Qualität der Ausführung, die technischen Errungenschaften und die Liebe zur Sache ansehen.

Zuerst wird das gewählte Grundstück mit rostigem Draht oder alten Faßreifen umzäunt; dann wird auf der blanken Erde oder auf einem kleinen Sockel aus Abrißziegeln das Haus errichtet. Man rammt ein paar Balken in die Erde, so dick wie ein Arm (aber kein allzu starker), nagelt Bretter darauf, und fertig ist das Haus; jetzt im Frühjahr macht es nicht viel aus, wenn die Sonne durch alle Ritzen scheint. Der glückliche Besitzer hockt auf dem Dach und deckt es mit Brettern, die Hausfrau hängt eine Gardine vors Fenster, und in einigen Tagen wird ein Menschenpaar in seinem eigenen Nest wohnen.

Es gibt in Rafanda noch einfachere Behausungen; man kauft einen alten Zirkuswagen, montiert ihm die Räder ab oder gräbt sie einfach in die Erde ein, und fertig ist das Heim. Ein Wagen steht dort, der Gott weiß wozu gedient haben mag; er ist etwas breiter als einen Meter und ungefähr anderthalb Meter lang; wirf einen Blick durch die Tür, und du siehst Koffer und Kisten und eine Frau, die sich putzt; in diesem Haus wohnen fünf Menschen, obwohl du dir nicht vorstellen kannst, wie du sie dort nebeneinander betten könntest. Da ist ein alter Eisenbahnwaggon schon etwas anderes; die Fenster werden zur Hälfte mit Brettern vernagelt, auf die Lüftungsabzüge werden alte Blechbüchsen gestülpt, und dann ist es darin „schön warm". Ist denn so ein Wagen teuer? „Ja, siebenhundert Kronen, aber dafür kann man hier nicht die Hand zwischen den Brettern durchstecken wie bei denen dort", erklärt die stolze Bewohnerin und deutet mit dem Kopf auf ihre zimmernden Nachbarn. „Und erst recht nicht, wenn ich ihn verputzt habe", sagt der betagte Bewohner.

Die übrigen Häuser sind Eigenschöpfungen ihrer Besitzer; einige sind aus alten Kisten zusammengezimmert, als Schornstein dient ein Blechrohr vom Schrottplatz, irgendwo hat man eine alte Tür aufgetrieben, und falls noch irgendwo ein Loch ist, wird Pappe daraufgeklebt; es ist eine Unterkunft, in der kein Kätner seine Ziege lassen würde. Aber es gibt andere Häuschen, die du mit Freude im Herzen betrachtest, weil sie mit so viel Liebe und Einfallsreichtum zusammengezimmert sind. Das Haus besteht nur aus Latten und Brettern, aber es ist doppelwandig mit Luftisolierung, hat Standardfenster und vor der Tür eine kleine Veranda; die Innenmauern aus Ziegeln, ein guter, mit Schlacke ausgefüllter Unterbau, ein guter Ziegelschornstein;

wenn man es verputzt oder mit Dachpappe verkleidet, ist es ein richtiges Haus. Ein alter Herr plagt sich ganz allein damit ab, ein kleines Haus aus Schlackenbeton zu bauen; ein anderes selbstgebautes Betonhaus steht schon schwarz und stolz zwischen seinen bretternen Nachbarn. Jemand hat sich sogar ein einstöckiges Häuschen gezimmert, das ganz mit Dachpappe verkleidet ist; ein Klempner hat sich ein Haus mit vier Räumen errichtet, und jetzt steht er mit geschwellter Brust in seinem künftigen Garten, die Hände in den Taschen. An allen Fenstern Gardinen, an den Wänden Bilder, es ist sauber und gemütlich; die Leute sitzen an Tischen mit rotem Tischtuch und trinken aus geblümten Tassen, denn Sonntag ist in Rafanda Besuchstag; Gäste kommen, um die Leute ein wenig um ihr neues Zuhause zu beneiden und um ihnen die Ehre zu erweisen. Die Gärten sind winzig, aber gepflegt, damit Blumen und ein paar Zwiebeln für den Haushalt gedeihen. Vier- bis fünftausend kostet angeblich das Material für diese hübschen Häuschen; die eigene Arbeit ist kostenlos, sagen die Besitzer mit gewissem Stolz.

Der Anblick ist ein bißchen amerikanisch; so sind wohl die Häuser der Goldgräber rings um neue Gruben emporgewachsen. Ihr seht hier flinke, gewandte, entschlossene Menschen, die sich auskennen und sich zu helfen wissen; Männer, die mit Vergnügen Maurer, Zimmermann und Techniker spielen, stolz darauf, daß sie es können; Frauen, die auch in einer Bretterbude für Sauberkeit und Häuslichkeit zu sorgen wissen. Rafanda kümmert sich nicht allzusehr um Hygiene, nur die besseren Häuschen haben einen Abort im Garten, aber es hat seine eigene Reinlichkeit. Es hat kein Wasser; und angeblich will man den einzigen Brunnen auf dem Bahnhof schließen. Aber Rafanda wird nicht weichen, es ist von selbst entstanden und wird weiter wachsen auf den Hängen von Bohdalec. Gebt den Leuten Wasser und leitet die Abwässer ab; denn hier wächst ein Stück der zukünftigen Stadt. Viel Glück, ihr Männer, die ihr wirklich den Hammer in der Hand habt, und ihr Frauen, die ihr Gardinen angebracht habt in einer Heimstatt, wo vor ein paar Wochen noch Brachland war.

1925

Razzia

Um Mitternacht macht die Polizei an der äußersten Peripherie von Košíře Razzia. Es ist eine kalte, wolkenverhangene Märznacht. Etwa acht Polizisten und ein paar Zivilisten steigen zu den Ziegeleien hinauf. Seit Monaten werden dort keine Ziegel mehr gebrannt, die Ziegeleien sind verödet, und ihre gewölbten Gänge strömen eine schreckliche Kälte aus; trotzdem findet ihr hier die Lagerstatt eines Menschen. Ein Stück geteerter Bedachung, über eine Mulde gezogen, das ist die Lagerstatt. Im Winkel ein kleiner Holzstoß; ein paar Handgriffe, und im Kellerdunkel der Ziegelei brennt ein schönes Feuer. Aber heute ist es hier tot. Sogar das menschliche Elend hat seine Saison.

Die Streife wendet sich anderswohin. Zum Šavlínschen Haus. „Zünden Sie sich eine Zigarette an", rät der Kommissar, „dort benimmt es Ihnen den Atem." Ein Polizist klopft ans Fenster: „Polizei." Nach einer Weile öffnet der hüstelnde Hausmeister, nicht im mindesten erstaunt über den nächtlichen Besuch. „Steckt hier irgendwer?" – „Ich weiß nicht." Ihr seht einen langen Korridor, dicht nebeneinander Türen, wie zu Gefängniszellen. Der Kommissar pocht an die erste Tür: „Aufmachen, Polizei!" Man hört barfüßige Schritte, die Tür öffnet sich, und eine warme Welle von Gestank strömt heraus. Es riecht nach Lumpen, Wanzen, Essen und Verwesung, wie jedes Elend. „Gehen Sie nur rein", sagt der Kommissar, „es lohnt sich." Die Frau im Hemd, die die Tür geöffnet hat, zieht sich ohne Eile einen Unterrock an. „Wer steckt hier?" – „Das sind meine Kinder." – „Wo ist Ihr Mann?" – „Ich bin Witwe." – „Und wen haben Sie da im Bett?" – „Das ist meine Schwester." – „Und der Mann, der bei ihr liegt?" – „Das ist ihr Mann." – „Zeigen Sie mir den Meldeschein." – Inzwischen könnt ihr Umschau halten; weitergehen könnt ihr nicht, beim ersten Schritt würdet ihr über einen Haufen Lumpen stolpern. Überhaupt hat es den Anschein, als bestände die Einrichtung vor allem aus Lumpen; sie hängen am Ofen und auf Leinen, liegen in der Ecke und vor euch – nein, das ist eine Schar Kinder; unter diesem entsetzlich schmutzigen Bündel von Fetzen gucken ohne Erstaunen zwölf Kinderaugen hervor. Endlich findet die Frau den gelben Schein. Der Kommissar leuchtet auf das Papier. „Alles in Ordnung." Ja, also – alles ist in Ordnung! Kommt zur nächsten Tür.

Im Bett richtet sich ein Mann auf. „Was wollen Sie hier? Warum lassen Sie einen nicht schlafen?

Was haben Sie hier zu suchen?" Der Kommissar beachtet das nicht weiter. „Steckt hier jemand?" – „Das sind alles unsere Kinder", wirft die Frau rasch ein; es sind wohl acht, sie liegen unter einer einzigen Bettdecke auf der Erde; ihr seht nur die Köpfe und versucht vergeblich, euch das Knäuel von Leibern unter der Bettdecke vorzustellen. Hört doch, die Frau hat die Schwindsucht; ein schrecklicher Anblick! „Warum geben Sie keine Ruhe? Wer hat Sie hergerufen?" sagt der Mann erbittert. „Hör doch auf, sei still!" In wilder Angst stürzt die Frau zu ihm. „Meine Herren, hören Sie nicht darauf, das sagt er nur so." Der Kommissar schimpft ein wenig; im übrigen ist es hier fast sauber. „Das ist eine gute Mietspartei", sagt der Hausmeister hüstelnd.

Und noch eine gute Mietspartei, gleich nebenan. Zwei alte Leute, eine Schar Kinder auf der Erde, Lumpen und eine entsetzliche Menge Schaben. Unter der Bettdecke lugen zwei hübsche junge Frauenarme hervor, die auf zerzausten Haaren ruhen. „Wer liegt dort?" – „Das ist unsere Tochter." – „Und bei ihr?" – „Das ist ihr Liebster." – „Ist er hier gemeldet?" – „Schon zwei Jahre." Die zwei jungen Leute im Bett machen keine Anstalten aufzuwachen; sie sind in der Umarmung eingeschlafen. „Wem gehört das Kind da?" – „Ihr." – „Was fehlt ihm?" – „Wir wissen es nicht, es ist irgendwie krank." Nun, alles in Ordnung.

Die nächste Tür. „Das ist auch eine gute Mietspartei“, meint der Hausmeister. Ein junger Mann mit einem sehr hübschen Gesicht öffnet. Der Kommissar steckt den Kopf durch die Tür. Eine Frau im Bett, weiter fast gar nichts. Der junge Mann verfolgt die sich entfernende Streife mit ironischen Blicken; unter diesen Blicken duckt man sich ein wenig. Nur weiter!

Eine schlechte Mietspartei. Eine Frau öffnet, und kaum erblickt sie die Polizisten, bricht sie in heftiges Weinen aus. Sie zeigt ein langes Messer; damit wollte ihr Mann sie angeblich vorhin erstechen, dann hat er ihr alles Geld abgenommen und ist es vertrinken gegangen. „Wer steckt hier?“ – „Das sind meine Kinder.“ – „Wie viele?“ – „Sieben.“ Ein gräßlicher Gestank, Schaben und Lumpen, armselige schmutzige Lumpen und dazwischen Kinderköpfe. Mein Gott, die vielen Kinder überall!

„Hier kriegen Sie was zu sehen“, sagt der Kommissar und pocht an die Tür. Eine Frau öffnet, aber einzutreten ist unmöglich. „Wie viele sind Sie hier?“ – „Dreizehn. Wir beide und unsere elf Kinder.“ Stellt euch einen ungefähr drei Meter breiten und fünf Meter langen Raum vor. Ein Lämpchen flackert über einem armseligen Haufen Lumpen, das sind die Menschen. „Vorsicht, Läuse“, flüstert der Kommissar. Ein Stuhl, ein Bett und ein Kocher; kein Tisch. Es schnürt einem die Kehle zu, wie auf einem Begräbnis. Rasch weiter!

Noch zehn Mietsparteien hat das Šavlínsche Haus. Schon von außen ist es schwarz und schrecklich; es ist eine Fackel von Gestank; es ist eine Kaverne der Schwindsucht; es ist ein Depot voller Lumpen. Und in diesem einen Haus leben mehr als fünfzig Kinder.

„Gibt es irgendwo in ganz Prag schlimmeres Elend als hier?“

„Vielleicht in Žižkov“, meint der Kommissar, „am Rand von Žižkov ist es noch schlimmer. Gehen wir in das Haus Nummer 251.“

Das Haus Nummer 251

Die Polizeistreife hält vor einem großen Mietshaus. Die Durchsuchung beginnt im Keller; erstaunlicherweise wohnt hier auch „eine gute Mietspartei“; es gibt sogar Gardinen, ein paar Bilder an den Wänden und natürlich sehr viele Kinder. Das Haus Nummer 251 hat ungefähr dreißig Mietsparteien, und in jeder Kammer bietet sich fast das gleiche Bild: Schwärme von Schaben, auf dem Boden Haufen von Kindern, die älteste Tochter mit ihrem Liebsten im Bett. Irgendwo sind zwei, drei Familien in einer Kammer; aus den Bettdecken ragen, wie seltsame Kakteen, Reihen von Fußsohlen. Die Nebentür ist gar nicht verschlossen; ihr tretet ein, es gibt kein einziges Möbelstück, auf dem blanken

Fußboden schlafen ein Mann und eine Frau, nur mit einem zerfetzten Lappen zugedeckt, den Kopf haben sie an die Wand gelehnt; und das ist alles: nicht einmal eine Wäscheleine, nicht einmal ein Strick, um sich aufzuhängen. „Wie lange sind sie hier?“ fragt die Streife die Hausmeisterin. – „Schon drei Jahre.“ – Und noch eine andere Mietspartei: in einem Bett zwei Paare, auf dem Boden ungefähr zwölf Kinder. „Wem gehören die Kinder?“ – „Die hier gehören uns und die hier der Schwester; und die da“, die Frau zeigt in die Ecke, „sind Armenhauskinder.“ Vier Kinder, Jungen und Mädchen, schlafen völlig nackt unter einer armseligen Decke. Ihr weicht vor dem entsetzlichen Gestank zurück. Mein Gott, hat denn das menschliche Elend überhaupt keine Grenzen?

Erstens, es hat wohl kein wildes Tier eine so fürchterliche, eine so elende Höhle, wie sie ein Mensch haben kann. Alles, was ihr euch an Armseligkeit, Schmutz und Verkommenheit vorstellen könnt, ist noch gut genug für eine unglückliche menschliche Kreatur und ihre Jungen. Überall, wo der Mieter ein Arbeiter oder ein Handwerker war, sah man gleich eine anständige Lebenshaltung; aber die Menschen ohne feste Beschäftigung, Vagabunden, die Gelegenheitsarbeit machen, kleine Diebe, Trinker, Arbeitslose, Witwen, die kriminelle und auch die unschuldige Unterschicht könnten euch so ein Bild vom Menschen, so einen Einblick in Menschenleben vermitteln, daß ihr entsetzt und beschämt wäret wegen der schrecklichen Unterschiede, die zwischen Menschen bestehen.

Und zweitens: Hier sind Kinder, zu viele Kinder. Man kann nicht sagen, ob die Leute so furchtbar arm sind, weil sie so viele Kinder auf dem Hals haben, oder ob sie so viele Kinder haben, weil sie so arm sind. Vielleicht ist die furchtbare Fruchtbarkeit der armen Menschen eine Folge der Schwindsucht oder der Trunksucht; aber wenn ihr dieses trostlose Elend seht, wenn ihr diese Menschenpaare seht, ständig aneinandergepreßt unter einer einzigen dünnen Bettdecke und sich aneinander wärmend, dann erstirbt euch die Bemerkung auf den Lippen: „Das muß doch nicht sein."

Ich wünschte, alle unsere Gesetzgeber sähen diesen Abgrund des Elends einmal aus der Nähe. Ich glaube, dann könnten sie an nichts anderes mehr denken als an die Rettung dieser Kinder. Sie würden sich sagen, alles andere kann wohl warten, dieser Notschrei ist das erste auf der Welt, worum man sich kümmern muß. Und dann würden sie sich Gedanken machen über Kinderkolonien irgendwo in den Bergen, wo es am gesündesten ist; über schöne, fröhliche Kolonien, wo diese armseligsten Kleinen lernen, menschlich zu leben; über Kinderdörfer, über Schulen, die zu Handwerkskursen hinführen, über Internate für verwahrloste Kinder und über Sanatorien für diejenigen, die vom Elend krank sind, über Milch und ein sauberes Bett für die verlausten kleinen Jungen, über alles, bei Gott, über alles, was diese armen kleinen Würmer der schmutzigen, stinkenden, tödlichen Gräßlichkeit des Elends entreißt. Und ich glaube, sie würden sagen: Lieber bei sonstwas im Staat sparen, lieber auf sonstwas verzichten, nur damit schnell, dringend begonnen wird, diese größte Schande der Menschheit, diese eitrigste Wunde zu beseitigen: das Verderben Unschuldiger durch Elend. Ihr Politiker, die ihr so viele Reden haltet, die ihr so viele Gesetze, Interpellationen, Unterstützungen und ich weiß nicht was noch ausdenkt, haltet euch ein Tuch vor die Nase und laßt euch in das Šavlínsche Haus oder in das Haus Nummer 251 führen; ich sage euch, es lohnt sich; wir sind doch wohl alle Menschen!

Popelky

Das ist die letzte Station der Razzia. Was soll ich euch noch beschreiben? Den Schuppen, in dem schon seit Jahren eine Familie mit sechs Kindern lebt? Die kleinen Häuschen, die nicht einmal über Nacht abgeschlossen werden? Ihr könnt ungehindert eintreten; aber tretet nicht auf die Menschen, die gleich im Hausflur schlafen. Ja, hier links war es: eine alte Frau, die Tochter und ein Haufen Kinder; um Gottes willen, diese zehn Skelette rühren sich noch! Wie, ihr menschlichen Schatten mit den großen Augen, ihr lebt wirklich? Stirbt man so schwer in Verzweiflung und Elend?

Gott, wenn es dich über Popelky gibt und wenn du diesen Ort nicht verdammt und verlassen hast, so erkläre und entschuldige dich dafür, was du diesen Menschen hast antun lassen! Oder wen soll man wegen dieses Grauens anklagen? Die menschliche Gesellschaft? Die weiß nichts von Popelky und kommt nicht einmal zufällig hier vorbei, der Weg durch Popelky führt nirgendwohin; hier endet die Welt. Oder soll man die Humanität anklagen? „Diesen Leuten ist nicht zu helfen", kommentiert der Kommissar. „Die Kinder bekommen in der Schule Kleider und Schuhe, und die Alten verkaufen das sofort. Da kann man nichts machen. Die Hälfte der Eltern sitzt wegen Diebstahls. Es ist ein Elend."

Ich glaube, daß keine Wohltätigkeit ausreicht, um das ärgste Elend aus der Welt zu schaffen. Die private und öffentliche Wohltätigkeit dachte zunächst an die alten Armen; sie errichtete Asyle und Armenhäuser für arbeitsunfähige alte Männer und Frauen. Die moderne Humanität dehnte ihr Wirkungsfeld auf Waisen und auf verkrüppelte Kinder aus; sie kümmert sich auch um blinde und rachitische, skrofulöse und geistesschwache Kinder. Das alles ist wenig. In einer einzigen Familie in diesem Bodensatz des Lebens wachsen sechs, acht, zehn

Kinder auf; vielleicht sind sie körperlich gerade noch gesund, geistig sind sie es bestimmt; und diese Kinder, die vollauf fähig sind zu leben, künftig zu arbeiten und zu zeugen, läßt die bisherige Humanität ohne Verlegenheit und ohne Gewissensbisse in einem Milieu grenzenlosen, schmutzigen, gräßlichen Elends aufwachsen. Glaubt nicht, daß die allermodernste Schule genüge, um diesen Kindern den Weg in ein besseres Leben zu ebnen, als es ihre Eltern haben; der Mensch wird weit mehr vom Leben als von der Schule geformt. Und vor allem glaubt nicht, dieses Elend habe etwas von evangelischer Tugend an sich; nichts ähnelt es weniger als der Tugend; es ähnelt einer schrecklichen Krankheit, einem Fluch und noch etwas anderem: Es ist, als säht ihr eine andere Rasse, eine andere natürliche Art, etwas fast Außermenschliches.

Wir haben viele gute und sehr interessante Degenerationsstatistiken. Verschiedene Tabellen zeigen uns, daß die Eltern von soundso vielen kriminellen Subjekten Trinker, Vagabunden, Diebe waren. Nun, bevor ihr an die Erblichkeit des Bösen glaubt, geht hin und seht euch an, wie diese künftigen „Degenerierten“ aufwachsen; dann werdet ihr begreifen, daß das hauptsächlichste Erb- und Degenerationsübel das Elend ist. Ihr guten Menschen, ich kann mir nicht vorstellen, was aus euch, was aus mir geworden wäre, wenn wir zum Beispiel in Popelky geboren wären und von klein auf in dem erbärmlichen Elend gelebt hätten. Wo sollten wir edle Grundsätze, Vertrauen in die Gesellschaft, Selbstachtung und all das Schöne und Menschliche hernehmen, das uns adelt? Und selbst wenn die Kinder zu Hause keine sittlichen Schäden davontragen, zweierlei werden sie davontragen: Haß und Elend.

Das Problem des Elends ist das Problem der elenden Kinder. Selbst das reichste Almosen genügt nicht, um das Leben der Elendesten zu verändern. Es genügt nicht, von einem Tag zum anderen zu helfen. Sprechen wir nicht davon, daß man dem Elend durch Barmherzigkeit abhelfen soll; das Elend muß unbarmherzig beseitigt werden. Es muß so bekämpft werden, wie man Infektionen bekämpft. Es ist nicht möglich, zu verhindern, daß ein Mensch ins Elend stürzt, aber es ist möglich, zu verhindern, daß er im Elend und für das Elend heranwächst. Das ist möglich durch Erziehung. Nicht durch die Schule, sondern durch Versetzung in ein anderes Leben. Wir haben Anstalten für skrofulöse Kinder; nun gut, aber das Elend ist eine schrecklichere und gefährlichere Krankheit als die Skrofulose. Ich denke und glaube, daß die menschliche Gesellschaft dereinst pädagogische Sanatorien für Kinder des Elends bauen wird; ich glaube, daß das schon heute möglich wäre – was sage ich, nur möglich? Mir scheint, daß es notwendig ist; denn dieses Elend ist doch nichts Geringeres und Leichteres als

Verwaistsein oder Rachitis! Aber natürlich weiß ich: Es ist eine Kostenfrage und so weiter. Entschuldigt, ich bin außerstande, über diese Frage zu reden; ich habe mehr gesehen, als ich zu beschreiben vermag, und die Frage des Elends entsetzt mich zu sehr, als daß ich über die Frage der Kosten nachdenken könnte. Ich weiß nicht, ich weiß wirklich nicht, wie das zu lösen wäre; ich bitte euch alle, mir beim Nachdenken zu helfen; ich weiß nur – und das ist keine neue Entdeckung, aber ich möchte es hinausschreien, damit es jeder hört –, es ist menschlich unerträglich, daß diese schreckliche Sünde vor unser aller Augen weiterbesteht: das Elend kleiner Menschenkinder. Mein Gott, man redet davon, daß die Menschheit Herr der Welt, des Meeres und der Luft und wer weiß was noch sei; sie wäre erbärmlich machtlos, wenn sie nicht die Mittel zur Bewältigung des Elends hätte. Ihr werdet sagen, es stehe nicht in unserer Macht, diesen entsetzlichen Zustand zu beheben; o weh, wie armselig ist die Menschheit, wenn sie diesen am nächsten liegenden und notwendigsten Aufgaben nicht gewachsen ist.

1921

An der Peripherie

Einen Rundgang durch die breite Peripherie der Stadt zu machen ist nicht nur Touristik; ein wenig ist es die Erforschung unbekannter Gebiete. Viele Prager kennen, sagen wir, die Tatra wie ihre Westentasche; weitaus weniger Leute haben Vackov oder Butovice durchforscht. Wer durch diese jungen Regionen kommt, findet drei Typen der Besiedelung.

1. Einsiedeleien. Da wächst inmitten von Feldern, ungefähr einen Pistolenschuß vom nächsten Gebäude entfernt, ein Haus in die Höhe. Und einen Pistolenschuß weiter in beliebiger Richtung wächst ein weiteres Haus in die Höhe und so fort. In der Regel führt ein mit Schlacke befestigter Weg oder einfach ein Trampelpfad quer durch Brachland zu ihnen hin. In den Einsiedeleien wohnen, verschiedenen Anzeichen nach zu schließen, Menschen, aber gewöhnlich sind sie nicht zu sehen; sie spähen mißtrauisch durch die Schießscharten ihrer Fenster und denken wahrscheinlich: Was hat der Kerl hier zu suchen? Vergeblich versucht man,

einen Plan des Ortes ausfindig zu machen und sich vorzustellen, wo hier vielleicht einmal Straßen verlaufen werden; es sieht aus, als ob der Wind Häusersamen von der Stadt hergeweht hätte, der in einer Spalte des dürren Bodens Wurzeln geschlagen hat und zu einem Haus emporgewachsen ist, wie Unkraut wächst. Die Menschen in den Einsiedeleien sehen aus, als hätten sie mit niemandem etwas gemein; es sind wortkarge Menschen, die sich in ihr Versteck verkrochen haben, Eigenbrötler, die nirgendwoher etwas Gutes erwarten.

2. Den zweiten Typ bilden die Zugewanderten, die mit ihrem neuen Haus in ein altes Dorf an der Peripherie der Stadt einbrechen. Aus einer Reihe niedriger, altertümlicher, bis an den Nabel in den Boden versunkener Häuschen ragt unvermittelt das Ziegelprisma eines peinlich neuen Mietshauses empor; gewöhnlich wohnt dort ein Herrenschneider, und ein junger Friseur hat dort seinen Laden, er lehnt, zu allem Überfluß in einem sauberen Mantel, in der Tür und hält vergebens nach Kundschaft Ausschau. Zwischen den alteingesessenen kleinen Häusern und dem zweistöckigen Eindringling besteht offensichtlich ein Konflikt; das Mietshaus blickt mit wehmütiger Verachtung auf die kleinen Verhältnisse herab, während die alten Häuschen die schäbige Herrschaft, die sich hier breitmachen will, großartig ignorieren. Diese neuen

Mietshäuser in der altmodischen Vorstadt sehen einsamer aus als die Einsiedeleien zwischen den Feldern, denn durch die stille und verbissene Feindschaft ihrer beleidigten Umgebung sind sie isoliert.

3. Den dritten Typ bilden die Kolonisten. Irgendwo (wo es der Wanderer am allerwenigsten erwartet, ohne sichtbaren Zusammenhang mit der übrigen Besiedelung) wächst mit einemmal eine Reihe von Häusern in die Höhe; oder eine Straße entsteht; ein Block; oder ein winziges Viertel von Häusern und Häuschen. Hier findet ihr einen ganz anderen geistigen Habitus; die Anwohner stehen in der Tür oder unterhalten sich miteinander, über den Zaun hinweg; sie sind durch die Nachbarschaft verbunden und durch die gemeinsamen Aussichten auf die schöne Zukunft, wenn hier Straßen gebaut und Wasser und Gas verlegt werden und so weiter. So eine Kolonie ist gewissermaßen ein soziales Ganzes, eine Kommune mit gemeinsamen Interessen und einem gewissen Lokalpatriotismus. Es gibt hier ein Gasthaus und einen Tabakkiosk, einen vor Neuheit duftenden Konsum, zartes, aber gemeinschaftliches Leben. Und hier sieht man ganz deutlich, was alteingesessene Städter schon vergessen, weil es selbstverständlich ist: daß es wirklich kostbare gemeinschaftliche Güter gibt, wie etwa eine Straße, Licht und andere große Gottesgaben, und vor allem das zutiefst Gemeinsame und

Soziale: die mit anderen geteilte Aussicht auf eine bessere Zukunft und so eine Art Optimismus der Entwicklung.

1932

Wie ein Stadtviertel entsteht

Früher war da ein Kornfeld, das ein tiefer Hohlweg durchschnitt, und zertrampeltes Brachland, wo Asche und anderer Unrat abgeladen wurden; ferner ein Gehöft, das von uralter Jauche triefte, und ein Ausflugsgasthaus, wo am Sonntag ein Leierkasten spielte und die Polizei einschritt; kurz, Prager Peripherie, wie sie im Buch steht. Erstaunlicherweise lag das früher unerhört weit draußen, obwohl gleich um die Ecke dieselbe Straßenbahn ratterte wie heute. Wollte man damals herfahren, um sich das anzuschauen, so verabschiedete man sich zu Hause von allen und sagte: „Ich weiß nicht, wann ich zurückkomme; ich fahre nur mal hin und sehe mir an, wo wir bauen wollen." Damals fing man nämlich an, die Felder Parzellen zu nennen; sichtbar äußerte sich das darin, daß anstelle von Korn Disteln, Melde und anderes Unkraut wuchsen und sich dort Liebespaare und Scharen von Jungen niederließen. Der heutige Anwohner begab sich also an einen einsamen Ort, freilich nicht, um zu meditieren und Gott zu suchen, sondern um sich als sogenannter Anwärter auf ein Einfamilienhaus zu fragen, wie in einem derartigen Gelände Häuser und Straßen wachsen sollten. Nichts auf der Welt ist nämlich so furchtbar häßlich wie eine Parzelle.

Eines Tages marschierten Leute an, verjagten die Liebespaare und die fußballspielenden Jungen und rammten Pflöcke in den Boden. Die Jungen rissen die Pflöcke wieder heraus und benutzten sie als Waffe gegen ihre Feinde aus Vršovice und Strašnice. Es war für die ganze Gegend eine heroische Zeit. Dann wurde hier irgendwo aus Brettern eine Kantine errichtet, wo es Flaschenbier gab; da war klar, es würde etwas geschehen, und wir Anwärter gingen uns die Kantine anschauen und hatten das Gefühl, daß auch hier die ersten Schritte der Zivilisation gemacht wurden. Und eines Tages strömten wirklich Erdarbeiter her und hoben Gruben aus; die waren klein und feucht wie Sickergruben, doch lieferten sie eine unglaubliche Menge klebrigen Lehms und schiefergrauer tauber Erde. Wir Anwärter kletterten über die Wälle der Gruben, hielten vergebens Ausschau nach dem Loch, wo dereinst unser Haus stehen sollte, und konnten nicht begreifen, wohin mit all dem Lehm. Unterdessen gab es einen Streik der Erdarbeiter oder was es gewesen sein mag, und die ausgehobenen Gruben füllten sich mit Wasser. Es war hoffnungslos. Hier werden niemals Menschen wohnen können.

Doch seht, es ist trotzdem vorwärtsgegangen.

Unter mächtigem Peitschengeknall und dem Geschrei der Kutscher fuhr ein Wagen nach dem anderen mit dem Ausgegrabenen davon, es roch nach Erde und Pferden, aber schon mischte sich der scharfe Geruch von Mörtel und der an Brot erinnernde Geruch von roten Ziegeln hinein. Fundamente ragten aus dem Boden, und wer sich das ansah, wunderte sich, daß sie sogar schon Fensteröffnungen hatten. Dann dröhnte hier das Zimmermannsgewerk, das ganze Stück Welt hallte von Männerstimmen wider, Franta, reich mir dies zu, und Tonda, komm mal her; um die roten Mauern türmten sich Kulturschichten von Butterbrotpapier, Wurstpellen und anderen Hinterlassenschaften der Maurer, das Gerüst wuchs in die Höhe, und eines Tages konnte der Anwärter auf einer Leiter bis ins erste Stockwerk klettern und sich voller Stolz von oben ansehen, was einmal ein neues Stadtviertel sein würde. Ja, auch ich habe es mit begründet. Nun führt er schon seine Freunde her und zeigt: Das wird die Küche, und das soll wohl das Badezimmer werden. Seht mal, sie fangen sogar schon mit dem Dachstuhl an; und er muß hinaufklettern, um fachmännisch die Balken zu befühlen, die das Dach überm Kopf bilden werden. Dann kamen Dachdecker und Parkettleger, Ofensetzer und Installateure, Elektriker und Glaser und Klempner, nahmen die Arbeit auf und legten sie zwischendurch nieder; sie sorgten für weitere Kulturschichten rings um die Häuser, und dann packten sie ihre Gerätschaften ein und zogen anderswohin. Mittlerweile steht auf dem festgestampften Hang die frischgebackene Häuserkolonie, wo es noch wie bei allen Baugewerben poltert und klopft; jedes Haus ist bereits von einem Lattenzaun umgeben, das soll einmal der Garten werden; die ersten Kolonisten kommen mit Möbelwagen angerückt. Los, Franta, faß an! Pack mir den Kleiderschrank auf! Wohin soll diese Anrichte?

Nun, der Umzug war noch ein bißchen verfrüht; kaum hatten die ersten Kolonisten ihre Gardinen aufgehängt, marschierte eine Kompanie von Erdarbeitern mit Spitzhacken und Schaufeln an. Die Kanalisation wird gebaut. Es werden Wasser-, Gas- und Stromleitungen verlegt. Wieder wird der gemarterte Hang bis in seine nasse Tiefe aufgerissen, rings um die Häuser häufen sich neue Berge von Lehm, die ersten Bewohner der Kolonie klettern über Halden dessen, was die Erdarbeiter Material nennen, sie balancieren auf ausgelegten Brettern und versinken bis zu den Knien im Lehm. Es ist unglaublich, was aus einem Hang, auf dem einst Korn wogte, für ein Graus gemacht werden kann. Das wird man doch nie wieder in Ordnung bringen können. Wir werden dieses eroberte Gebiet nicht aufgeben, Freunde, aber wir werden uns wohl in wilde Höhlentiere verwandeln.

Doch seht: heute ist es ein ruhiges, alterndes

Viertel, wo sich die Leute angewöhnt haben, geboren zu werden und zu sterben; die Häuser tragen auch so manches Zeichen gelebten Lebens, wie altbekannte und vertraute Gesichter; in den Gärten wiegen sich hochgewachsene Birken, blühen Aprikosen und Tulpen, auch die Gärten sind schon ein wenig gealtert; wer könnte glauben, daß hier einmal Korn und Disteln wuchsen! Über der glatten Straße leuchten Lichterketten, und Verliebte gehen Hand in Hand spazieren. „Pepa, wie hier der Flieder duftet! So ein Häuschen möchte ich haben!"

Ringsum ist nicht nur ein neues Viertel entstanden, sondern eine ganze neue Stadt, mit Straßen und Plätzen; von fern aber hört man Peitschengeknall und Schläge auf Stahlträger, denn hinter unserem Pionierviertel wächst die Stadt immer weiter.

Glaubt mir, es gibt keine größere Schule des Optimismus und des Vertrauens als den Bau eines neuen Viertels. Es sieht hoffnungslos aus, wenn angefangen wird; danach sieht es noch schlimmer aus und nimmt kein Ende; und manchmal denkt man, verdammt noch mal, auch die menschliche Geduld hat Grenzen. Warte nur, und überstürz nichts; dereinst wird daraus ruhiges und blühendes Leben; aus all dem, womit wir uns herumgeärgert haben, entsteht schließlich richtiges und ordentliches Leben.

1938

Die Aussicht

Im ersten Plan sind Gärten und Kinder. Da ist lauter Fortschritt, denn alles wächst enorm. Aus einem schwachen, kahlen Reis ist schon ein richtiger Baum geworden. Aus einem nackten Säugling ein Schulmädchen, das bereits seine ernsten Augenblicke hat, oder ein brummiger, hochaufgeschossener Bengel. Jedes Jahr plärrt irgendwo in der Nachbarschaft die Stimme eines Neugeborenen; nach einiger Zeit ruft es: „Mama, komm mal her" und geht mit dem Ranzen zur Schule. Überhaupt gibt es da eine große Veränderung; man braucht kein langjähriger Augenzeuge zu sein, um zu beobachten, daß die Kinder heute anders sind als früher; daß sie eher und vor allem mehr sprechen, daß sie nicht so zur Artigkeit eingeschüchtert werden, daß sie freier, couragierter und klüger sind; kurz, da ist ein Fortschritt.

Der zweite Plan: ein Stück Straße. Früher war es ein Feldweg an der Peripherie, wo in der Morgendämmerung der Milchwagen fuhr, von einem Schimmel gezogen. Heute flitzt hier ein Auto nach dem anderen vorüber, Lastwagen mit Ziegeln, Lieferwagen; die Straße endet nicht, sie dröhnt und läßt eine Staubwolke wallen, ist jung, laut und kraftstrotzend. Das ist eigentlich die größte Veränderung, denn sie ist hier allgegenwärtig, hat sie doch mit munterem, rauhem Lärm Einzug gehalten und die Gegend weit und breit durchgerüttelt.

Der dritte Plan: ein Exerzierplatz. Auch da gibt es eine große Veränderung, denn wir betrachten ihn anders als vor zwanzig Jahren. Und alles sieht auch anders aus als früher. Freiübungen der bis zum Gürtel nackten Soldaten, das hat es früher nicht gegeben. Und früher war das ein ewiges Marschieren ganzer Kompanien, rechts um, links um, lauter Geschrei, lauter schnurgerade Reihen; jetzt sind da kleine Gruppen, jeder Zug lernt etwas anderes, es sind nicht solche Massen, aber es sieht zweckmäßiger aus.

Der vierte Plan: ein Stück Rangierbahnhof. Noch vor fünf Jahren fuhren dort den lieben langen Tag qualmende Lokomotiven und verschoben kleine Züge; auch in der Nacht funkelten rote Lichter, und die Puffer klirrten angenehm, und nach dem Geklirr konnte man das Wetter vorhersagen. Dann schlief alles ein, und es wurde totenstill; der Anblick eines toten Bahnhofs ist ebenso furchtbar wie der Anblick einer ausgestorbenen Stadt. Ich möchte es nicht berufen, aber jetzt wird es besser; noch klirren nachts keine Puffer, aber wenigstens am Tag kommt Leben hinein, die Lokomotiven winken mit einer Rauchfahne und verschieben Reihen von Waggons, die Welt scheint auch um dieses Stück Leben schöner zu werden, und man sagt sich, während man aus dem Fenster schaut: Vielleicht ließe sich auch manches andere in Bewegung setzen, wenn sich die Leute ins Zeug legten; ihr Eisenbahner, gebt uns allen ein Beispiel und zeigt uns: Die Strecke vor uns ist frei.

Der fünfte Plan: ein Stück Friedhof – der ändert sich nicht. Und die Elendskolonie, die aus Brettern und Blech gebauten Bruchbuden, in denen Familien hausen, Elend, wenig mehr als ein Zigeunerlager: das ändert sich auch nicht, das hat in den zehn Jahren nur zugenommen. Die Bäume sind kräftiger geworden, und die Kinder sind herangewachsen; eine Straße ist mit zunehmendem Verkehr in die Gegend eingedrungen, bis an den Horizont sind neue Viertel emporgewachsen, nur diese Insel des Elends besteht weiter; es scheint, daß sich niemand ordentlich ins Zeug gelegt hat, damit sich hier etwas ändert.

Unsere Aussicht wird sich nicht von Grund auf ändern, solange menschliche Not an unserem Horizont steht.

1934

Wanderungen durch Prag

Prager Ständchen

Ein Prager in Prag

Bekanntlich ist es in jeder etwas größeren Stadt so, daß man nicht die ganze Stadt, sondern nur sein Viertel bewohnt; in die Nachbarviertel gerät man höchstens einmal im Jahr durch Zufall und in die entlegeneren Viertel kaum einmal im Leben. Nach Olšany kommt ein Einwohner von Letná nur zu seinem eigenen Begräbnis, und jemand aus Vinohrady besucht eher Algier als das Petrská-Viertel. Infolgedessen widerfährt es einem alteingesessenen Prager oft, daß er plötzlich zu träumen meint; verschlägt es ihn zum Beispiel ins Petrská-Viertel, reibt er sich die Augen, ruft: „Sieh mal an!“ und schüttelt bis zum Abend den Kopf; denn er entdeckt, daß ohne sein Wissen ein ganz neues Viertel entstanden ist, neue Straßen wurden angelegt, alte Winkel sind verschwunden, und an ihrer Stelle ragen mit einmal gewaltige glatte Fassaden in die Höhe. Der Prager sieht sich manchmal vor die überraschende Tatsache gestellt, daß sich Prag von Grund auf verändert, weit stärker an der Peripherie als im eigentlichen Zentrum. Und da wird ihm auch etwas anderes bewußt: wie wir in diesen zehn Jahren unsere Möglichkeiten geradezu vervielfacht haben.

1929

Groß-Prag

Dem alten, braven, kleinstädtischen Prag ist eine Peripherie zugewachsen, so etwas wie ein Dschungel, der noch der Erforschung harrt; erst aus dem amtlichen Verzeichnis der neuen Stadtviertel erfahren wir von Lokalitäten, deren bloßer Name einem Altprager eine Gänsehaut verursacht. Sicher ist an Strašnice etwas schrecklich (strašný), und Böses verheißt auch der Name des ansonsten ruhigen Zlíchov (zlý – böse); zur Zeit der Teuerung hat der Name Dejvíce (Gib mehr) einen unangenehmen Klang, und nicht gerade einladend ist zum Beispiel der Name Podbaba (Unterm alten Weib). Gefällige, erfreuliche Namen wie Veleslavín (veleslavný – hochberühmt), Libeň (libý – gefällig), Liboc (libocit – Wohlgefühl) und Smíchov (smích – Lachen) bilden eine verschwindende Minderheit; das scheußliche Hnusle (hnus – Ekel), das kriegerische Prosek (prosekat – durchbrechen) und Bráník (bránit – verteidigen), das mörderische Hrdlořezy (Halsabschneider) und das kannibalische Hostivař (hosti – Gäste; vařit – kochen) – das ist das neue

Prag, zu dem auch Břevnov gehört (břevno – Balken) – „der Balken in deinem Auge"; auf eine seltsame Tierart deutet der Name Kobylisy hin (kobyla – Stute; lis – Presse), und an die Ausdehnung der neuen Stadt, in der wir uns nicht mehr auskennen, erinnert der Name Záběhlice (zaběhnout se – sich verlaufen). Lebensgefährliches verheißt der Name Krč (krčit se – sich ducken), und Motol bedeutet sicher nichts Besseres als motolice (Schwindelgefühl), denn schwindlig wird uns in unserer riesigen neugeborenen Großstadt.

1922

Berge versetzen

Wie oft benutzt man die Redensart vom „Bergeversetzen"; seltener geschieht es, daß wirklich Berge versetzt werden. Geht mal nach Vršovice; wo der Zug nach Krč einst durch einen kleinen Tunnel qualmte, ist der Berg Bohdalec entzweigeschnitten und der Einschnitt fast bis auf den Grund ausgehoben; fertig ist der breite Durchbruch, durch den die große Ausfallstraße nach Spořilov und überhaupt nach Süden verlaufen soll. Jetzt gibt es dort ein Netz von Schienen, auf denen kleine Züge das Erdreich wegschaffen; ein riesiger Bagger schnappt zweimal zu, und schon ist eine Lore mit Schotter vollgeladen, dann fährt der Zug ein Stück weiter, und der Bagger beißt sich rasselnd und zähneknirschend tiefer in die Böschung. Staunend betrachtet ihr den Vielfraß, und ihr sagt euch, der könnte den ganzen Petřín zerkauen und wieder ausspucken; so ein Bagger ist doch ein Kraftprotz. Eine Zeitlang werden dort noch Spitzhacken klingen, und der Bagger wird klirren, kleine Züge werden pfeifen und kleine Lokomotiven qualmen; aber wenn wir das nächste Mal herkommen, wird schon eine glatte und gerade Avenue mitten durch den Hügel führen, nach Spořilov wird es ein Katzensprung sein, und das Tal von Vršovice wird durch einen neuen, breiten Luftschacht atmen.

1928

Aufstockungen

Natürlich wächst unser Prag in die Breite, es wachsen das Territorium, der Verkehr, die Schulden und eine ganze Reihe anderer Quantitäten, in diesem Jahr aber wächst Prag hauptsächlich in die Höhe. Allmählich werden in jeder Straße auf einige Häuser ein oder zwei Stockwerke aufgesetzt; kommt man nach einem Jahr in eine Straße, reibt man sich erstaunt die Augen, denn die ganze Straße ist irgendwie anders und höher als früher. Noch zwei Jahre solch vertikales Flickwerk, und man wird Prag nicht wiedererkennen; laßt uns zum Pulverturm und zum Waldstein-Palais laufen und nachsehen, ob nicht auch sie über Nacht aufgestockt worden sind; Straßen, die noch einigermaßen breit und licht aussahen, haben sich jetzt bedenklich verengt; durch dieses In-die-Höhe-Wachsen gibt es zwar mehr Wohnungen, aber zugleich verschlechtern sich die vorhandenen, hoffen wir, daß wenigstens die Hausbesitzer von diesen Aufstockungen profitieren, die Wohnkultur gewinnt dadurch nicht. Dieser Aufstockungseifer – nicht Aufbaueifer – ist eine Folge davon, daß man bei uns keine Baupolitik betreibt; daß wir uns zum Beispiel nicht rechtzeitig um Straßen kümmern, damit neue Bauflächen erschlossen werden, die billiger sind als die in der überfüllten Innenstadt. Die Übervölkerung der Innenstadt wird einmal ein ungutes Kapitel unseres Urbanismus sein.

1928

Nie mehr . . .

Nie mehr wirst du eine kleine Insel der Wartenden sein, ein gesegneter Treffpunkt derer, die einander suchen, nie mehr wirst du ein rettendes Boot sein, an das man sich klammert, auf das sich ein erschrecktes altes Mütterchen flüchtet oder ein Rentner, den von drei Seiten wütende Straßenbahnen und Autos bedrohen, nie mehr wirst du mit deinem Zifferblatt nach drei Seiten leuchten und mitten im verworrensten Prager Verkehrsknotenpunkt ein Ort der Erholung sein, ein ruhiges Intervall auf der einzigen ziemlich wilden Prager Kreuzung, o du kleine Straßeninsel, du kleines rundes Trottoir unter der Uhr auf dem Můstek. Gestern haben sie dich aufgerissen und dem Erdboden gleichgemacht; du warst es ihnen nicht einmal wert, daß sie deinen einstigen Standort umgepflügt und mit Salz bestreut hätten, wie man es im Altertum mit zerstörten Städten tat. Jeder, der irgendwann einmal nach Prag gekommen ist, hat dich gekannt: entweder hat er sich aus dem grausamen Getöse und der mörderischen Hast inmitten des Labyrinths zu dir geflüchtet, oder er hat manchmal auf dir ein Rendezvous gehabt oder ist über dich gestolpert oder hat sich auf dir ausgeruht und Ausschau gehalten: wohin jetzt? Jeder hat dich gekannt; und jetzt bleibt von dir nichts weiter übrig als schon fast verheiltes Pflaster. Und man wird dich, du historische Straßeninsel, auch nicht im städtischen Lapidarium aufbewahren. Nun, adieu!

1923

Ein Gedenktag

Möge der 24. Januar 1925 in der tschechischen Geschichte eben solch ein Gedenktag bleiben wie der Tag der Aufhebung der Leibeigenschaft. Es ist der Tag der Aufhebung der Brückenmaut auf den Prager Brücken. Verschwinden wird die ausgestreckte Hand, die zwei Heller einsammelte, ohne als Gegenleistung dafür auf dem Leierkasten zu spielen. Man wird nicht nur trockenen Fußes über die Moldau schreiten, sondern auch (wenn ich so sagen darf) ungescholten, wenn man kein Kleingeld hat. Es ist wohl auch der Tag, an dem die Existenz der Zweihellermünzen praktisch endet; man hat sie nirgendwo anders mehr gebraucht, nur auf einer Prager Brücke. Ein Bettler wird sich zu Recht beleidigt fühlen, wenn man ihm ein Zweihellerstück in die Hand drückt; Mütterchen Prag, das arme und bescheidene, hat sich dadurch nicht beleidigt gefühlt, im Gegenteil, der Herr Brückenmauteinnehmer fühlte sich immer persönlich beleidigt, wenn man ihm eine Krone reichte. „Natürlich!" knurrte er in so einem Fall, „jeder tut, als ob er kein Kleingeld hätte, damit er umsonst über die Brücke kommt." Aussterben werden auch die jungen Champions im Laufen und Springen, die im Schutz der Straßenbahnen liefen, um dem Brückenmauteinnehmer zu entwischen. Aussterben wird das Suchen mit steifgefrorenen Fingern in der Geldbörse, um doch eine der sich hartnäckig verbergenden Zweihellermünzen herauszufischen. Das alles wird aussterben, nur das ewige Brummen der Brückenmauteinnehmer wird auf den Prager Brücken spuken; oder es wird wohl eher in ein anderes öffentliches Amt übersiedeln.

1925

Die Prager Linden

Man sagt sich: Ach nein, noch ist der Herbst nicht da; es ist Altweibersommer, September mit kühlen Morgen und blendender Sonne. Doch was hilft es, auf den Prager Straßen ist bereits November. Seht mal, wie schrecklich armselig die kleinen Linden auf den Prager Straßen aussehen: die wenigen Blätter, die sie hatten, sind schon verdorrt und größtenteils vom Wind abgerissen. Das ist häßlich, das ist sogar traurig, und überdies ist es nicht natürlich; eine gesunde Linde sieht Anfang September nicht so aus. Entweder gehören Linden nicht in die Straßen, was die Prager Stadtgärtner wissen müßten; oder sie sind schlecht gepflanzt, auf schlechtem Boden, oder ihre Wurzeln ersticken unter den Gehsteigen; oder weiß der Teufel, woran es liegt. Irgendeinen Grund muß es haben, daß die Linden in Prag so schändlich aussehen, während es den Akazien bei uns gut geht. Womöglich würde sogar eine Platane besser gedeihen als diese Karikaturen unseres nationalen Baumes, den irgend jemand, ich weiß nicht, wer, zum Jammerdasein auf allen möglichen Gehsteigrändern ausersehen hat. Vielleicht wird sich eines Tages ein erfahrener Gärtner der unglücklichen Linden erbarmen und der Stadt Prag Bäume empfehlen, die nicht das ganze Jahr hindurch Traurigkeit und Niedergang in die Prager Straßen hauchen.

1927

Die Moldau

Noch niemand hat sie bis zu ihrem letzten Tropfen, bis zu ihrem letzten verborgenen Lächeln in Musik gesetzt; noch niemand hat sie so gezeichnet oder gemalt, beschrieben oder in Dichtung verwandelt, wie sie ist, wenn sie rein in der Frühlingssonne glitzert, licht, klangvoll, herrlich, rundlich und schlicht, ganz mädchenhaft in diesen jungen Tagen, oder wenn sie in der Dämmerung nach Prag hineinfließt, unendlich blau und funkelnd wie Atlas und Brokat und Feuerzungen, eine illuminierte Triumphstraße durch das lichterglänzende Prag. Ein Anblick, eine Schönheit ohnegleichen, Prag in seinem köstlichen Liebreiz, die ganze Stadt mit ihrem Himmel, ihren Palästen und Parks und allem, was sie an Schönem und Sehenswürdigem hat. Doch merkwürdig – obwohl die Moldaudampfer von Jahr zu Jahr voller sind, obwohl sie an Sommertagen dem Ansturm der Ausflügler nicht mehr standhalten, obwohl eine Dampferfahrt statt des ruhigen Genusses ein unerträgliches Gedrängel ist, obwohl alles wächst – wenn auch langsamer, als es sollte –, die Moldauflottille wächst nicht. Drei oder vier lächerliche „Kaffeemühlen“ und zwei, drei größere Raddampfer, das ist alles: wie vor fünfzehn Jahren. Im Sommer ist die Moldau ein Ameisenhaufen von Nackedeis geworden, ein Sportplatz für alle Sportarten, der dankbarste Atemweg von Prag; die Moldauflottille aber schläft ihren Halbschlaf aus der Vorkriegszeit. Wozu etwas in Bewegung bringen? Wozu sich anstrengen? Es braucht ja niemand zu fahren, wenn die Verkehrsmittel nicht ausreichen.

1923

In neuem Glanz

Ja, wirklich in neuem Glanz blühen die Topfmärkte auf der Insel Kampa. Vor dem Krieg war es ein großer, lärmerfüllter Jahrmarkt, wo es Töpfe und Pfannen, Schüsseln und Krüge und Blumentöpfe und anderes Geschirr aus schön gebranntem braunem Ton gab; aber schon mischten sich schlechtes Porzellan und allerlei protziger Schund darunter; und nach dem Krieg hatte es fast den Anschein, als wäre es aus mit den alten Topfmärkten, als habe man aufgehört, Waren aus edlem Ton herzustellen, als wäre es mit der heimischen Keramik zu Ende. Nun, geht und schaut euch in diesen Tagen die Insel Kampa an; die Augen werden euch übergehen. Nicht, daß es dort so viele Töpfe wie vor dem Krieg gäbe; aber das Niveau der Waren ist gestiegen wie nie zuvor. Vor allem ist es ein Jahrmarkt des ganzen Landes; hier findet ihr Keramik aus Westböhmen, aus Černý Kostelec, aus der Haná (allerdings fehlen die typischen mährischen Milchtöpfe), Keramik aus Modrá und Užhorod; es überwiegen schön glasierte und bemalte Waren, verschiedenartig karierte und gestreifte Kanevastöpfe, geschmackvolle kleine Krüge, Vasen, Aschenbecher, Blumentöpfe für Kakteen, rot wie Paprika, da und dort Stücke, die in Farbe und Form sogar schön sind und frei von folkloristischer Nachahmung; fast jedem Stück aber merkt man die wachsende Vorliebe für klare und lebendige Farben, für Handgeformtes, für naives Material, für lustige Verzierungen an. Der Topfmarkt auf der Insel Kampa bot einen ganz ungewohnten Anblick; jetzt gehen nicht nur Kleinseitner Hausmütter hin, um eine Bratpfanne oder einen Topf zum Kartoffelkochen zu kaufen; es kommen allmählich Leute dorthin, die etwas Schönes und Reizendes für die Wohnung oder für die Küche suchen. Sowohl über die Waren als auch über die Käufer kann man sich freuen; aber das Beste an der Sache ist, daß – wie es scheint – die einheimische Keramik noch nicht ausgestorben ist; ja im Gegenteil, sie drängt mit neuer Lust ins Leben.

1928

Der beleuchtete Hradschin

Jetzt ist es schon fast vollkommen: die Burg leuchtet klarer im grellen Scheinwerferlicht, und das von Glühbirnen umkränzte Erzbischöfliche Palais krönt ausdrucksvoller die lange leuchtende Front; aber den größten Beleuchtungswechsel dieses wunderschönen nächtlichen Panoramas bietet die Karlsbrücke, die jetzt ebenso hell erleuchtet ist wie die Burg und von den mächtigen Lichtmassen der beiden Brückentürme eingerahmt wird. Bisher erhob sich der beleuchtete Hradschin wie eine Lichtkrone auf dem dunklen Polster der Kleinseite; jetzt aber hat sich seine illuminierte Pracht durch die helle Arkade der Karlsbrücke bis zur Moldau ausgedehnt, sie überschreitet den Fluß und vereinigt sich mit der beleuchteten Partie am Křižovnický-Kloster zu einer gewaltigen Cour d'honneur von Licht, die erst von der edlen Silhouette des Nationaltheaters beschlossen wird. Der ganze Lichtprospekt hat sich dadurch ungewöhnlich erweitert: seinen Mittelpunkt bildet nicht mehr die Burg, sondern die glitzernde Moldau, die unter den strahlenden Bögen der Karlsbrücke dahinströmt. Da ist nicht mehr eine Lichtkrone über Prag, sondern das erleuchtete Prag in seinem Glanz von geschichtlicher Erhabenheit. Das ist so schön, daß es einen kalt überläuft.

Bei der jetzigen Beleuchtung verliert der strahlende Helm der St.-Niklas-Kirche ein wenig; vielleicht höbe er sich aus dem Gesamtbild heraus, würde er mit anderem, weißlichem oder bläulichem Licht angestrahlt. Und wenn erst die ganze Uferfront beleuchtet wird, so daß sich der festliche Lichthof bis zum Nationaltheater schließt, dann ist Prags feenhafte Pracht in ihrem Glanz vollkommen und auf dem Höhepunkt.

1936

Bilder aus der Slowakei

Das Antlitz des Landes

Wenn wir, Menschen von der Elbe und der Moldau, durch das slowakische Bergland wandern, fehlen uns zunächst die rechten Worte, um den besonderen Charakter der Landschaft auszudrücken. Sie ist anders als bei uns; sie hat ein satteres Grün und ist dichter bewachsen; sie ist von der Zivilisation weniger modelliert, aber dabei ist sie lebhafter, ja geradezu taufrisch vom Leben. Sie ist altertümlicher, epischer, gleichsam melodiöser als die Landschaft bei uns. Auch bei uns gibt es Berge und Täler, Wälder und Bäche, aber der Zauber unserer Gegend ist anders. Der Geist der Erde spricht bei uns die gleiche Sprache, doch er flüstert andere Worte.

Aber dann – vor allem gegen Abend, wenn die Herden in die Dörfer zurückkehren – findet man die gesuchten Worte. Die Slowakei ist bis heute kein Land der Bauern; sie ist ein Land der Hirten geblieben. Sie ist dem Charakter nach ein pastorales Land; sie ist noch nicht von Menschenhand geknetet und vom Pflug modelliert; sie ist nicht kahlgeschoren und zurechtgehauen und durch gerade

Raine geteilt; die geologische und botanische Plastizität des ursprünglichen, gottgeschaffenen Landes ist ihr geblieben. Das Leben, von dem sie so intensiv durchdrungen wird, ist das Leben der Menschen und der Herden. Hier kann man noch in beinahe biblischem Sinn von Schöpfung sprechen.

Haltet ihr die Augen offen, so seht ihr mehr Vögel und Blumen, mehr Schmetterlinge, mehr Früchte der Natur, einen größeren Reichtum von allem, was blüht und lebt, im Grase wimmeln und in der Luft fliegen; ihr findet die Natur in ihrer ursprünglichen Fülle.

Wenn wir gut hinhörten auf die Stimme der Erde, bekämen wir vielleicht so manchen Rat, wie man wirtschaften und was man tun muß, damit der Mensch in einer so reichen Natur nicht so arm lebt.

1931

Orava

Es fängt fast so an wie in einer Märchenwelt. Da ist eine tiefe Höhle, und wer sich hineinwagt, findet unter der Erde ein zauberhaftes Königreich. Man muß nämlich bei Kralovany durch einen Tunnel, einen anderen Weg dorthin gibt es kaum; es sei denn, ihr wärt ein Fisch, eine sogenannte Lachsforelle, und könntet geradewegs die Orava stromauf schwimmen. Die Gegend liegt jenseits der Fatra und der Liptover Berge; wenn man die Berge vom Fluß Váh aus betrachtet, ahnt man gar nicht, daß es sich dahinter so schön öffnet zu einer weiten, weiten Landschaft mit der Stadt Kubín und Tvrdošín und Námestovo, mit Bergen, Burgen und Kastellen und Dörfern, so sauber und lieblich, daß in jedem von ihnen Christus hätte geboren werden können. Hätte ich die Wahl, so wünschte ich wohl, König von Orava zu sein; das wäre ein strategisch überaus günstig gelegenes Reich (bis auf den offenen Weg nach Žilina; aber die Žilinaer würden mich vielleicht in Frieden lassen).

Die Gegend von Orava sitzt so selbständig und

abgeschlossen am Fluß Orava wie ein Blatt an seinem Stiel und Hauptnerv. Kein anderer Fluß, ja nicht mal ein Bach dringt in sein Stromgebiet ein. Und wie sich der Fluß Orava schlängelt, so schlängelt sich auch sein Tal. Ein gewöhnlicher Fluß entspringt den Bergen und fließt in die Ebene. Die Orava macht es umgekehrt; sie entspringt in der Ebene und fließt durch immer engere und schroffere Schluchten ins Gebirge. Wenn ihr es nicht glaubt, geht hin und seht sie euch an; es ist ein kühles und reines Wasser, voll von Äschen, Lachsforellen und Krebsen.

Aber um in der Reihenfolge zu bleiben, verneigen wir uns zunächst vor Dolní Kubín, der Stadt Hviezdoslavs.* Es ist ein weißes Städtchen, das aus zwei Straßen und einem Marktplatz besteht. Hier hat Csaplovics** seine Bibliothek zusammengetragen, hier sind Hviezdoslavs Verse entstanden, so rein und sprudelnd wie die muntere Orava; ihr findet hier besonders schöne Mädchen und auch Gutsherren aus den umliegenden Kastellen, schönen kleinen Bauten mit Türmchen oder Empiresäulen.

Nebst der Gedenkstätte für den Dichter ist es das Schloß Orava, was die Gegend berühmt gemacht hat. Das ist eine Burg, wie Burgen aussehen

* Hviezdoslav, Pavol Országh Hviezdoslav (1849–1921), slowakischer Lyriker, Dramatiker und Übersetzer.

* Vavřinec Csaplovics (1778–1853), slowakischer Archivar und Bibliophile.

sollen; sie ähnelt Luft- oder Mondschlössern. Eine richtige, gute, romantische Burg sieht nämlich nicht wie ein Produkt des Festungsbaus, sondern wie das Werk einer lauteren und ein wenig mondsüchtigen Phantasie aus. Mir scheint, militärische Gründe waren nur ein Vorwand; der wahre Grund, weshalb man Burgen baute, war die Vorstellung, wie romantisch sich ein runder Turm mit einer Galerie oben auf den Felsen ausnehmen werde.

„Herr Chef", sagte so ein mittelalterlicher Architekt zu seinem Bauherrn, „an der höchsten Stelle möchte ich einen Turm errichten, das nähme sich von unten herrlich aus; auf den Ausläufer da stellen wir einen zweiten Turm, und über dem Abgrund könnten wir einen kleinen Erker anbringen, der richtig in der Luft hängt. Die Kapelle errichten wir auf dem langgezogenen Rücken, damit dort möglichst viele Türme sind. Und unten passen eine Zugbrücke und ein Tor mit kleinen Türmen hin. Auf der anderen Seite muß auch ein Turm stehen, vielleicht einer mit Schießscharten. Das kostet etwas mehr, aber dafür sieht es von unten fabelhaft aus."

„Wenn es sein muß, dann macht es so", sprach der Schloßherr, „aber den ersten Schloßhof finde ich zu leer."

„Dann bauen wir dort auch einen kleinen Turm hin", schlug der Baumeister vor, und so geschah es. Deshalb sehen alte Burgen so romantisch aus.

Das Schloß Orava gehört zu den schönsten; es ragt auf einigen ebenen Flächen eines senkrechten, auf der einen Seite sogar überhängenden Kalkfelsens in die Höhe, wie ein Finger oder wie ein steinerner Herd, der, wie die Maurer sagen, auf den Sturz gestellt ist.

Und dann das weite, wellige Land: die ebene Gegend unterhalb von Babia Hora und zur polnischen Seite hin; die Gegend zu beiden Seiten von Kubínská Hole, die vom Geläut der Kuhglocken erfüllt ist, das weite Tal von Magurka bis zur funkelnden

Osobitá und zum dunklen Roháč; das Tal, das unter dem hohen Choč eingeschnitten ist. Mein Gott, wie viele abgrundtiefe Wälder und helle Almen gibt es hier, wie viele Schmugglerwege und Sennhütten, weiße Straßen und Hänge, von kleinen Feldern gestreift, wie viele Dickichte aus Hornstrauch und Rainweide und Geißblatt, Lichtungen, tiefrot von Weidenröschen und Himbeeren; und überall in der Achselhöhle der Hügel diese schönen Dörfer, die Dlhá oder Krivá oder Zázrivá oder gar Vitanova heißen, kleine Dörfer, die Häuser in einer Reihe, Giebel an Giebel, ein Häuschen wie das

andere, in unermeßlicher und andächtiger Einheit der Tradition. Nur die Dachfirste wechseln von Dorf zu Dorf. Die prächtigsten sind in Hruštín, während Vitanova bis heute durch geschnitzte hussitische Kelche gekennzeichnet ist; mancherorts sind die Häuser ganz aus braunem Holz, wieder anderswo stehen sie auf einem weißen gemauerten Sockel; überall haben die Fenster Schnitzwerk, und in einigen Dörfern gibt es Vorgärten mit Bohnen und Ringelblumen und Sonnenblumen, die bis zum vorspringenden Giebel hinaufreichen.

Welch eine Lebensordnung liegt darin; diese Gleichförmigkeit und zuchtvolle Gliederung der menschlichen Nester; nur hier und da ein Kastell, von einem Wall umgeben, oder eine Kirche mit einem Friedhof fügt sich ernst in die friedliche Gleichheit der Menschen Gottes ein. Niemandem fällt es ein, sich von den anderen zu unterscheiden und sein Häuschen blau anzustreichen oder es quer zu stellen. In dieser absoluten Gleichförmigkeit der slowakischen Dörfer liegt eine besondere, ich möchte sagen, eine konstruktive Schönheit; wenn die Slowakei sie ungestört erhält, werden wir dereinst dorthin fahren, um für den Aufbau von Gemeinden Poesie und Zucht zu lernen. Bis jetzt hat sich Orava in bewundernswerter Reinheit bewahrt; aber Vorsicht, ihr Menschen, Vorsicht vor der Zerstörungswut, die kein Fortschritt ist.

Überdies ist die Landschaft geradezu mit der formalen Kraft der Religion gestaltet. Es gibt keinen Kreuzweg, keinen Bergsattel oder Hügel, wo nicht eine naive Martersäule stünde; jeder Vorsprung auf dem Antlitz des Landes ist von einem Kreuz des Herrn gekennzeichnet. Es scheint, als wären hier zuerst die Kirchen auf den runden, weithin sichtbaren Gipfeln errichtet worden; das Dorf mit seiner Häuserreihe ordnete sich unter, ein Haus am anderen, alle gleich, wie Männer und Frauen, die in der Kirche knien. Es gibt hier alte Holzkirchen mit Renaissancefresken und kindlichen Arabesken, so die Kirche in Tvrdošín oder die winzige Kirche in Leštiny; und in Lokec führt ein grüner Anger zur Kirche, von einem Kreuzweg gesäumt, eine intime und zarte Via triumphalis; und in Krásna Hôrka gibt es eine merkwürdige, schöne Kapelle mit einem achteckigen Turm. Es ist eine arme Gegend, und trotzdem baut man dort neue steinerne Kirchen; aber in denen wird wohl ein anderer Herrgott sein als der herzliche und altertümliche aus den kleinen alten Gotteshäusern.

Die Menschen hier sind schön und gesprächig; die Frauen sehen bald verbraucht aus, und die Männer fahren nach Kanada, um Holz zu hauen; jeder alte Schäfer, jede Großmutter ist über neunzig Jahre alt. Die alte Tracht hat sich hier, Gott sei Dank, in ihrer ganzen Würde erhalten. Ich will euch nicht die gestickten Mieder oder die Muster auf den Hauben beschreiben, denn davon verstehe ich nichts; aber schön ist die Linie dieser Tracht, der hohe Gürtel des Frauenrockes, der der Gestalt so etwas gotisch Langgestrecktes verleiht; und die

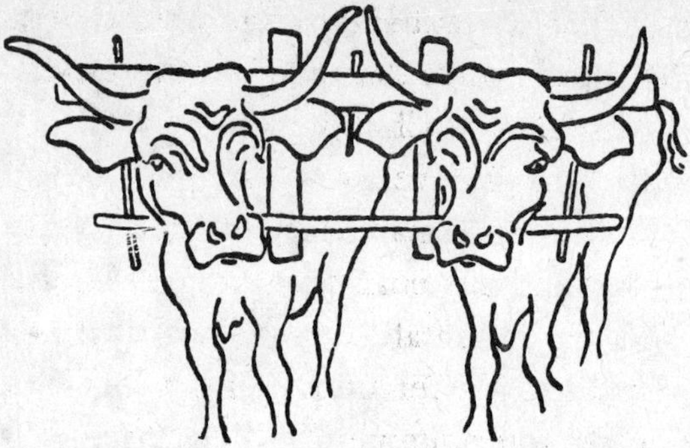

Burschen in weißem Pelz, offener weißer Jacke und anliegenden weißen Beinkleidern, mit schwarzem Hut und alttestamentarischen Sandalen sehen halb wie Räuber und halb wie Hirten aus in ihrem Lämmerweiß. Anders ist die Tracht in Zuberec, bunt und voller Bänder; und in Zázrivá tragen die Frauen eine steife weiße Haube und darüber ein schwarzes Tuch, so daß sie wie Nonnen aussehen.

Und dann die Kuhherden auf den Hängen und das friedliche Kuhglockengeläut, wenn das Vieh gegen Abend gemächlich in die Dörfer zurückkehrt; und die Pferde, ehrenwerte Stuten mit ihren Füllen, der uralte und prächtige Reichtum der Herden; und zahllose Gänse, Gänse in Schwärmen, Prozessionen, Marschzügen, Lagern, Massen und Massenformationen aller Art;

und Blöcke duftenden Holzes, von Ochsen unterm alttestamentarischen Joch gezogen; ärmliche kleine Felder mit Hafer und Kartoffeln, eine kümmerliche Ernte, die auf Fuhren geladen und in die Dörfer gefahren wird, Menschen mit Sensen, die euch im Namen Jesu Christi grüßen –

ja, es ist arm und vernachlässigt; aber ihr habt keine Ahnung, was man daraus machen könnte, was für ein Land das einmal sein wird, ebenso berühmt wie die Alpentäler; ein Land der Luft und des Duftes, der Wälder und Berge; wenn nur die Menschen dahinterkommen und es lernen, mit all dieser Schönheit klug und sparsam umzugehen. Bei uns gibt es noch so viel Unentdecktes, aber dieser Winkel unserer Welt ist zu besonderem Ruhm auserkoren. Er ist für die Ewigkeit, alt.

1930

Mit einem Fuß unter der Erde

Herr Těsnohlídek* möge mir verzeihen; aber wann immer er über die zauberhaften Schönheiten der Höhlen von Demänová schrieb, kam er mir ein bißchen wie ein Arzt vor, der begeistert über ein schönes Geschwür oder einen anderen schönen klinischen Fall spricht. Ein Loch unter der Erde bleibt ein Loch unter der Erde, selbst wenn es mit Gold und Karfunkeln ausgepolstert wäre; von alters her hatten die irdischen Menschen ein gewisses gesundes Mißtrauen gegenüber den unterirdischen Tiefen, wo Dunkelheit, Drachen, der Hades, die Seelen der Verstorbenen und andere lichtscheue Elemente hausen. Nun, was die Höhlen von Demänová betrifft, so sei der Wahrheit gemäß berichtet, daß der Weg zu ihnen bisher zum größten Teil auf der lichten und sicheren Erdoberfläche verläuft; denn Naturdenkmäler befinden sich gewöhnlich in recht entlegenen Gegenden. Im nächsten Jahr, so heißt es, wird man im Auto bis zu den

* Rudolf Těsnohlídek (1882–1928), tschechischer Schriftsteller, Verfasser des „Schlauen Füchsleins“.

Höhlen fahren können; unterdessen aber muß man – wie im Märchen – „gehen und gehen, bis man zu einer großen Höhle kommt“. Wo man Mut faßt, das Eintrittsgeld zahlt, ein Gebet verrichtet und in die Hölle hinabsteigt.

Herr Těsnohlídek möge mir noch einmal verzeihen: alles, was er geschrieben hat, ist wahr; es gibt dort wirklich Federkiele und Erbsen, kleine grüne Seen, versteinerte Wasserfälle, Säulen, Vorhänge, Kanzeln, tiefrote Kaskaden, versteinerte Seerosen, eine Galerie von Wundern, Katarakte von Blumenkohl, Tomaten, Schäfchen, Ballerinen und Kobolde sowie zahllose andere Wunder und Gaukeleien; es ist wirklich zauberhaft, und man bricht alleweile in Rufe des Staunens und der Lobpreisung aus; doch immer, meine ich, immer ist es ein wenig gespenstisch und gruselig, denn es ist unterirdisch; wir sind tief in einem Abgrund. Hier lugt die Finsternis aus einem Schornstein, der noch ein paar Kilometer tiefer in die Erde führt, dort öffnet sich die Decke zu einem höher liegenden Stockwerk; und überall tropft, rieselt, fließt unterirdisches Wasser. Laßt für ein paar Sekunden das Licht löschen; es ist schrecklich; für alles ist der Mensch geschaffen, nur nicht für die Finsternis. Die Natur ist unerschöpflich üppig; sie wirft Felsen auf und spielt mit Filigran; mitunter gibt sie geheimnisvolle und schöne Zeichen, und ein andermal erlaubt sie sich einen Scherz. Es gibt Tropfsteine, die Gedärmen ähneln, und andere, die gotischen Bildsäulen gleichen; der Anblick ist erstaunlich, furchtbar aber ist der Gedanke an die tausendjährige Finsternis, in der das alles entstanden ist. Das erinnert an die schreckliche Geduld eines Gefangenen, der sich im Unterirdischen die Zeit vertreibt. Wie lange bist du gewachsen, du durchsichtiger Stalagmit? Existiert die Zeit überhaupt im Unterirdischen, wo es weder Tag noch Nacht, weder Frühling noch Winter gibt? Auch die Zeit entsteht durch das Licht; ich sage euch, dem Leben selbst schaudert vor der Finsternis, vor dem Abgrund ohne Zeit und ohne Boden.

Und da dachte ich an euch, die ihr mit stinkender Karbidlampe als erste auf dem Bauch in diese nässenden, dumpfigen und schwarzen Spalten, Rinnen und Abgründe gekrochen seid; die ihr als erste mit dem Fühler des Lichtes die Wände und Mauern der ewigen Finsternis abgetastet habt; die ihr angelockt wurdet von jedem gähnenden Loch, das weitere Abgründe, Gänge und Säle verhieß. Immer weiter in die Finsternis; immer weiter ins Unbekannte. Es gab keine trockene Stelle, wo ihr euch hättet niederlassen können. Jeder neue Schritt war ein verdammtes Abenteuer. Und was, wenn eure Lampe erloschen wäre? Was, wenn das Wasser in der Rinne gestiegen wäre? Was, wenn euer Fuß ausgeglitten wäre, als ihr die höheren Stockwerke erklimmen wolltet? Ein scheußliches Gruseln geht von dieser unbekannten Finsternis aus; da ist es schon besser, einem Bären oder dergleichen zu begegnen, als hier allein zu bleiben. Fast schaudert einem schon bei dem Gedanken, hier allein zu sein; doch es ist ein merkwürdiger, verlockender Schauder; wenn ich hier allein wäre, schaute ich in jenes Loch, zu dem kein Weg führt. Wenn ich hier allein wäre, ginge ich nicht zurück, sondern vorwärts. Vielleicht fände ich einen neuen Gang oder einen neuen Saal; ich gäbe ihm irgendeinen Namen und beschriebe seine Federkiele und Stalaktiten, seine kleinen grünen Seen und purpurnen Stromschnellen. Ich weiß, der Mensch ist nicht für die Finsternis und das Unterirdische geschaffen; aber stärker als der Schauder, mächtiger als jeder gesunde Instinkt ist die große Entdeckerfreude. Du kröchest sogar in die Hölle, nur um sie zu entdekken. Gott mit euch, ihr Wanderer ins Unterirdische; es gibt noch viele schwarze Löcher in Demänová, die mit ihrem unbekannten Schauder locken.

1927

Mit einem Fuß in der Tatra

Das ist es: sobald man Wanderhosen und Bergstiefel anzieht, fährt gewaltige Courage und Kraft in einen, mag man sonst noch so verständig und bequem sein; die besagten Wanderhosen und Stiefel laufen bergauf, sagen wir, auf den Solisko oder Bujačí, sie klettern über Felsblöcke, zwängen sich zwischen Latschenkiefern und Bruchholz hindurch und lassen sich, oben angelangt, atemlos nieder, essen Speck und Schokolade und empfinden ein sonderbares Wohlbehagen, zusammengesetzt aus Müdigkeit, Stolz, Schwindelgefühl und Staunen über die merkwürdige, unerhört große Schönheit der Welt. Soll ich aber diese Schönheit genauer schildern, so muß ich wenigstens den blühenden Dianthus glacialis, den Ausblick in das grenzenlos blaue Land, die weidende Herde Gemsen, die verschiedenen Saxifraga, die Wolken, die grünen Bergseen, die Enziane, die Murmeltiere, die Bäche und Wasserfälle, die Polster des Leimkrautes, den schrecklichen Appetit, die wilden Felswände, die Salix retusa, die in den Wolken dampfenden Schluchten, den Regen auf den Bergen, die schwarzblauen Eisenhüte und eine Menge anderer staunenswerter Dinge aufzählen; was die Gemsen betrifft, so waren es sieben, und sie weideten bei den Hinzovo-Bergseen ruhig wie Kühe; sie hatten einen schwarzen Bauch, einen leuchtenden Spiegel unter dem Schwanz und dermaßen federnde Beine, als ob ihre Knochen Gummiknüppel wären. Kennt ihr euch aber ein wenig in Blumen aus, so erwarten euch nicht geringere Freuden; wenn ihr einen dichten Teppich findet, der mit Silene acaulis, Minuartia sedoides und Saxifraga Baumgarteni bestickt und überdies von den Sternen der Primula minima und von filzartigem Cerastium übersät ist, dann fallt ihr auf die Knie und dankt dem Himmel dafür, daß es euch vergönnt ist, auf der Erde zu wandeln. Und da habe ich noch nicht goldene Nelkenwurz, Saussurea, Kreuzkraut, Swertia, Scheuchzers Glockenblume, Andromeda, Dryas, Gemswurz und all das andere erwähnt, ja nicht einmal die majestätischen Zirbelkiefern; ich sage euch, geht hin und seht euch das an.

Nun, ist man einigermaßen weit hoch geklettert, so daß der Blick in die Ebene wie in einen offenen Abgrund fällt, so wird man, selbst als ein bescheidenes, frommes, menschenfreundliches, ja demütiges Geschöpf, sich doch nicht einer gewissen wilden Verachtung der Menschen erwehren, die da unten herumkriechen; man sitzt so ein bißchen mit dem Gefühl eines Adlers, mit dem Gefühl eines Siegers, eines Eroberers auf einem Felsblock und blickt verächtlich auf die Menschlein herab, die dort unten auf den Stühlen sitzen und lange Hosen anhaben. Was einen nicht daran hindert, die Touristen, denen man in seiner Höhe begegnet, mißvergnügt, ja haßerfüllt anzusehen. Anscheinend gönnt man es ihnen nicht, daß sie auch so hoch hinaufgekommen sind.

Dann ist da noch ein Winkel der Welt, an der polnischen Grenze; aber der liegt ein wenig abseits. Er heißt Pieniny; dort fließt der grüne Fluß Dunajec, auf dem linken Ufer ist Polen, und auf dem rechten sind wir. Auf unserer Seite stehen das verlassene und halbleere Červený kláštor und ein Gasthaus mit besonders starkem und süßem Wein; auf dem Dunajec fahren solche merkwürdigen Flöße aus ausgehöhlten Baumstämmen, und sie bringen euch über die grünen Stromschnellen zwischen den beiden Staaten und zwischen sehr schönen Kalkfelsen hindurch. Diese Fahrt ist eine lokale Spezialität; wenn ihr vom tschechoslowakischen Ufer abstoßt, stürzt sich auf der polnischen Seite ein Haufen von Jungen ins Wasser und hält einen Triumphbogen aus Weidenruten über euer Floß, wofür jeder eine Krone bekommt. Darin äußern sich beiderseits die freundschaftlichen und wohlwollenden Empfindungen der beiden Nachbarstaaten. Auf unserer und auf der polnischen Seite wachsen rosa Wucherblumen, die Chrysanthemum Zawadskyi heißen; sie sind ein europäisches Unikat; aber da sie, wie gesagt, auch auf unserer Seite wachsen, ließ ich mich nicht zu einem feindlichen Einfall in polnisches Gebiet hinreißen. Die Landessprache auf dem rechten Ufer nennt man Slowakisch und die auf dem linken Ufer Polnisch; die Flößer aus beiden Staaten rufen einander freundschaftlich zu, die einen, die die Stromschnellen hinunterfahren, und die anderen, die ihre ausgehöhlten Stämme stromauf ziehen. Das also ist die Grenze zweier Länder, zweier Sprachen, zweier Kulturen; da der Fluß zwischen beiden Ufern neutral ist, erleben wir ein Stündchen lang unbeschränkte zwischenstaatliche Freiheit; doch genießen wir sie friedlich, denn das kleine Floß ist etwas kippelig und die Strömung recht heftig.

Wißt ihr, aber ans Ufer steigt man dann mit einem Gefühl der Erleichterung, weil man wieder in der Heimat ist.

1925

Mlyňany

Es liegt ein wenig abseits, genau dort, wo die slowakischen Berge aufhören und die große Donauebene beginnt; auf einem der schön gerundeten Hügel befindet sich das Arboretum von Mlyňany, ein Unikat in der Republik, ein Ort, wo sich einmal ein Mensch hingestellt und verkündet hat, hier, von dieser Terrasse, bis dort, zu jenem Wald, dürfen nur solche Bäume und Sträucher, nur solche Wäldchen oder Gehölze wachsen, die ihr Laub nicht abwerfen und immer grün sind, weshalb man sie auch Immergrüne nennt. Dank besonderer Gnade Gottes und dank ebenso besonderer menschlicher Geschicklichkeit geschah das tatsächlich, und so ist hier, gleichsam unserem Klima zum Trotz, ein ewig grüner Park gewachsen, mit ewig grünen Eichen und Zedern und allen Arten von Nadelhölzern, mit allerlei Bäumen aus Japan und dem Himalaja, mit Euphorbien und Araukarien von der anderen Halbkugel der Welt, mit Gehölzen von den warmen Meeren dort unten und auch mit dem Knieholz der Hochgebirge, was hier alles nebeneinander gedeiht und ewig grünt als Beweis dafür, daß sich der Mensch nicht einfach vom Klima befehlen läßt und daß selbst Fröste von zwanzig Grad minus uns nicht daran hindern können, in unseren Breiten ein immergrünes Paradies zu errichten.

Jetzt weiß ich, daß der Baumbestand des Paradieses, das gewiß ewig grün war, nicht von Apfelbäumen gebildet wurde und auch nicht von Ananaspalmen oder anderen Bäumen, die ihr Laub verlieren, sondern von Buchsbaum und Geißblatt, von verschiedenerlei Spindelbäumen, Lanzenbäumen, Ölbäumen und Berberitzensträuchern, Ligustern, Mahonien, Stechpalmen, Zwergmispeln und Alpenrosen, Zistrosen und Lorbeerrosen, Schneeballsträuchern, Waldreben und Faulbäumen; Herr Mišák aus Mlyňany würde euch hundertmal mehr aufzählen, denn bereitwillig nennt er zum Beispiel sechzig Arten von Stechpalmen und ich weiß nicht wie viele Traubenkirschen und Rhododendren. Zumeist haben sie sehr schöne Blätter, die steif sind wie Blech oder wie Leder, glänzend und dunkelgrün, wohlgeformt, vollkommen wie Lorbeer, stachelig wie ein Igel und fest wie der jüdische Glaube, satt, hart und solide, weder Raupen noch Fröste können ihnen etwas anhaben; ein Mahonienblatt ist ein klassisches Werk, das Blatt von manchen Ilexen ist so herrlich wie eine Blüte; aber der Fachmann schleppt euch zu einem hochaufgeschossenen Strauch, an dem ihr überhaupt nichts Besonderes findet, und erklärt, dies sei das schönste Exemplar des ganzen Arboretums und seinetwegen kämen Botaniker von sonstwoher. Sollen die Botaniker tun, was sie lustig sind; mich jedenfalls zieht es mehr zu den Stechpalmen und Mahonien, ähnlich dem Esel, der immer Disteln rupft; denn ich habe alle Disteln, Dornsträucher und Schlehen gern, ebenso Kakteen und Nopalpflanzen und alles, was sich nicht ergibt und sich wehrt, um nicht aufgefressen zu werden. Du mußt hart und wehrhaft sein, um nicht aufgefressen zu werden. Du mußt sehr trotzig sein, um ewig grün zu bleiben. Äußerst zahlreich sind die Geheimnisse der Natur; du wirst nie hinter alles kommen.

Bedenk nur, was sich alles bei uns machen ließe; der Boden wartet noch immer auf Menschen, die ihn zwingen, nie dagewesene Dinge hervorzubringen. Dieser einzigartige, ewig grüne Park ist ein Werk von dreißig Jahren; wenn wir uns ordentlich ins Zeug legten, könnten wir in dreißig Jahren noch manches andere züchten; es sind nur kluge Gärtner erforderlich. Denk nicht immer, die Verhältnisse lassen bei uns dieses und jenes nicht zu; sehr viel läßt sich einrichten, wenn wir es geduldig und fachkundig anpacken. Ein Ort wie Mlyňany hat nicht nur einen schönen Park; er ist auch ein schönes Beispiel, das besagt, es gibt auf dieser unserer ein wenig rauhen Erde größere Möglichkeiten, als wir gewöhnlich annehmen. So ein seltener Strauch hält es bei uns ganz gut aus; man muß ihn nur vor eisigem Wind und vor sengender Sonne schützen – es ist nichts weiter nötig als Pflege. Und Verstand. Dann geht fast alles. Dann wachsen für uns vielleicht auch die immergrünen Palmen des Sieges.

1926

Grüße

Man denkt sich mancherlei über die Völker, und das sind nicht immer Dinge, die sich ein Volk hinter den Spiegel stecken könnte; es ist schon so eine Gewohnheit, daß man ein Land und ein Volk gewissermaßen identifiziert mit dessen Politik, Regime, Regierung, öffentlicher Meinung oder wie man das nennt. Etwas anderes aber ist es, sich das Volk anschaulich vorzustellen; da könnt ihr euch überhaupt nichts ausdenken oder einbilden; ganz von selbst taucht die Erinnerung an etwas auf, was ihr gesehen habt, an etwas ganz Zufälliges und Alltägliches. Gott weiß, warum gerade diese und keine andere kleine Erfahrung sich dem Gedächtnis so übermächtig eingeprägt hat; ihr braucht euch nur, sagen wir, an England zu erinnern, und im selben Augenblick seht ihr ...

Nun, ich weiß nicht, was ihr seht und ob ihr überhaupt irgendeine Vorstellung habt; bei mir aber ist es einfach ein kleines rotes Haus in Kent. Es war nichts Besonderes daran, und ich habe es kaum eine Sekunde gesehen, als der Zug von

Folkestone nach London dahinsauste. Eigentlich war das Haus vor lauter Bäumen gar nicht zu sehen; im Garten beschnitt ein alter Herr mit einer Schere die Hecke, und auf der anderen Seite des grünen Gesträuches fuhr ein Mädchen auf dem Fahrrad einen geraden Weg entlang. Weiter nichts. Ich weiß nicht einmal, ob das Mädchen hübsch aussah; der alte Herr war vielleicht der Pfarrer des Ortes oder ein Geschäftsmann im Ruhestand, darauf kommt es nicht an. Das Haus hatte hohe Schornsteine und weiße Fenster, wie alle die kleinen roten Häuser in England, und mehr weiß ich davon nicht zu erzählen. Aber sobald ich England sage, sehe ich deutlich dieses gewöhnliche kleine Haus in Kent, den alten Herrn mit der Heckenschere in der Hand und das ernste Mädchen auf dem Rad, das geradeaus fährt, und ich bekomme ein wenig Sehnsucht. Ich habe dort mancherlei anderes gesehen, etwa Schlösser und Parks und Häfen, ich habe die Bank of England gesehen und die Westminster-Abtei und allerlei Historisches und Denkwürdiges, aber das ist für mich nicht das ganze England. Das ganze England, das ist nur dieses naive kleine Haus im grünen Garten mit dem alten Herrn und dem Mädchen auf dem Fahrrad. Warum, weiß ich nicht – ich erzähle nur, wie es ist.

Oder wenn ich mir Deutschland vorstellen will, taucht vor mir ein altes Gasthaus in Schwaben auf. Ich kann nichts dafür, daß es nicht das Brandenburger Tor oder eine Militärparade ist; in dem Gasthaus bin ich mein Lebtag nicht gewesen, ich habe es nur vom Zug aus irgendwo hinter Nürnberg erblickt. Es war gegen Abend, und man sah dort keine Menschenseele; das Gasthaus war hoch und ausgedehnt wie ein Dom mitten in einer alten, spielzeugartigen kleinen Stadt, die auf engstem Raum zusammengepreßt ist. Davor blühten Fliederbüsche, und zur Schenke führten steinerne Stufen hinauf. Es war fast zum Lachen, wie würdig und breit das Gasthaus war; irgendwie erinnerte es an eine Glucke, die in einer warmen Kuhle döst.

Es ist wahr, ich habe in Deutschland ganz andere und auffälligere und deutschere Dinge gesehen als dieses altertümliche schwäbische Gasthaus; wie viele Städte und Dome und Denkmäler habe ich dort gesehen, aber dieses ehrwürdige hingebreitete Gasthaus hat die Oberhand behalten; ich weiß nicht, warum, aber das ist für mich Deutschland.

Oder nehmt zum Beispiel, was man sich alles vorstellen kann, wenn man sich an Frankreich erinnert. Meine unabweisliche Vorstellung ist dies: eine Pariser Straße ganz am Rande der Stadt, an der Zollgrenze; dort gibt es noch ein paar Gaststätten und Tankstellen zwischen Gemüsegärten. Vor einem Gasthaus, dessen Markise die Aufschrift trägt: Au rendez-vous des chauffeurs, steht ein schweres zweirädriges Gefährt, vor das ein falber normannischer Wallach gespannt ist; der Bauer in losem blauem Kittel und mit breitem Strohhut trinkt vor dem Gasthaus gemächlich seinen Weißwein aus einem dicken Glas. Das ist alles, mehr geschieht dort nicht; nur die Sonne glüht mit kreideweißer Härte, und der Bauer im blauen Kittel, das Gesicht gerötet, leert sein Glas. Ich kann mir nicht helfen: das ist Frankreich.

Oder Spanien: das wiederum ist ein Kaffeehaus auf der Puerta del Sol; am Nebentisch sitzt eine schwarzhaarige Mama in schwarzem Kleid und hält

in ihren Armen ein schwarzäugiges Baby mit kleinem rundem Kopf und feierlich ernsten schwarzen Guckaugen; und der Papa mit dem schwarzen Sombrero im Nacken schneidet begeistert und spaßhaft Grimassen für sein schwarzäugiges Baby, sein Niño. Es ist nichts dabei, so etwas kann ein Wanderer überall auf der Welt sehen; aber dort unten, wißt ihr, sehen Mütter mehr wie Madonnen, Väter mehr wie Kämpfer und Säuglinge mehr wie geheimnisvolle Spielzeuge aus als sonstwo auf der Welt. O nein, wenn ich von Spanien lese oder höre, sehe ich keine Alhambras oder Alcazars, sondern das feierliche Niño in den Armen der schwarzhaarigen Madonna.

Oder Italien: man könnte sich das Colosseum vorstellen, Pinien, den Vesuv oder so etwas, aber weit gefehlt! Ein Eisenbahnzug ist es, ein ratternder Personenzug, ich glaube, von Orvieto nach Rom; es ist schon Nacht, und gegenüber sitzt ein schlafender Arbeiter, sein zottiger Schädel pendelt schwer und willenlos hin und her. Dann wacht dieser Italiener auf, reibt sich mit der Pranke die Augen und sagt etwas zu dir, erinnerst du dich? Aber du hast ihn nicht verstanden und hattest kein Vertrauen zu ihm; und da griff er langsam in die Tasche, holte ein Stück Käse heraus, das in Papier eingewickelt war, und bot dir mit selbstverständlicher Geste an, du solltest dir ein Stückchen abschneiden. Das ist dort so Brauch. Was aber soll man machen: diese grobe Hand mit der Scheibe Schafkäse, das ist für dich eben ganz Italien.

Ich weiß, heute ist es furchtbar weit von einem Volk zum anderen, und man denkt sich mancherlei; es ist wahr, über vieles ärgert man sich und sagt sich, nie, nie wird das vergessen, was geschehen ist; ich bitte euch, was können wir über diese nie dagewesene Entfernung und Fremdheit hinweg einander sagen? Und dann erinnert man sich vielleicht an England, und auf einmal sieht man das kleine rote Haus in Kent vor sich; der alte Herr beschneidet noch immer mit der Heckenschere die Sträucher, und das Mädchen fährt schnell geradeaus auf dem Fahrrad. Und siehst du, du möchtest sie eigentlich grüßen. How do you do? How do you do? Schönes Wetter, nicht? Yes, very fine. – Na siehst du, das wäre erledigt, und dir ist leichter zumute. Jetzt könntest du die steinernen Stufen zu jenem schwäbischen Gasthaus hinaufsteigen, den Hut an den Haken hängen und auf deutsch sagen: „Grüß Gott, meine Herren." Sie erkennen, daß du ein Fremder bist, und sprechen an ihrem Tisch ein wenig leiser und werfen dir von Zeit zu Zeit einen prüfenden Blick zu. Aber wenn sie sehen, daß du genau wie sie den Boden des Kruges am roten Tischtuch abwischst, sind sie weniger mißtrauisch und fragen: Woher, woher, mein Herr? – Aus Prag. – So, so, aus Prag stammen Sie; und einer sagt, er sei einmal in Prag gewesen. Vor dreißig Jahren. Eine schöne Stadt, sagt er, und du könntest dich darüber doch ein wenig freuen. – Oder du kehrst ein im Au rendez-vous des chauffeurs; der Bauer im blauen Kittel trinkt gerade sein Glas Weißwein aus und wischt sich mit der Hand den Schnurrbart ab. Fait chaud, sagst du. A vôtre santé! – A la vôtre, sagt der Bauer; weiter ist eigentlich nichts zu sagen, du könntest höchstens zu ihm sagen: Nein, mon vieux, auf euch bin ich wirklich nicht böse; wie wäre es, wenn wir noch ein Gläschen miteinander tränken? – Und du könntest dem spanischen Baby auch Grimassen schneiden; es richtet seine ernsten und feierlichen Guckaugen auf dich, die schwarzhaarige Mama sieht mit einmal noch mehr wie eine Madonna aus, und der Caballero Papa mit dem Hut im Nacken plappert dir auf spanisch etwas vor, aber du verstehst ihn nicht. Das macht nichts, das macht nichts; wenn nur das Kind nicht vor dir erschrocken ist! – Und du mußt dir noch einen Happen Schafkäse abschneiden. Grazia, grazia, murmelst du mit vollem Mund und bietest als Dank eine Zigarette an. Und weiter nichts; die Menschen müssen doch nicht Gott weiß wieviel reden, um gut miteinander auszukommen!

Was tun, es ist furchtbar weit von einem Volk zum anderen; wir alle sind mehr und mehr allein. Am liebsten möchtest du keinen Schritt mehr vor dein Haus tun; lieber das Tor zusperren und die Fensterläden schließen, und jetzt habt uns alle gern. Mich kümmert niemand mehr. Und jetzt kannst du die Augen zumachen und leise, ganz leise sagen: How do you do, alter Herr in Kent? Grüß Gott, meine Herren! Grazia, signor! A vôtre santé!

1938

Inhalt

1. Auflage 1988

Gesamtgestaltung Johanna Mönch
Karl-Marx-Werk, Graphischer Großbetrieb, Pößneck V 15/30
Printed in the German Democratic Republic
Lizenznummer 301. 120/172/88
Bestellnummer 613 659 5
01050

ISBN 3-351-00903-8